饡

维京人
VIKINGS

[英]马丁·J.多尔蒂　著

刘慧颖　译

SPM 南方传媒　广东人民出版社
·广州·

C目录
Contents

引 言

INTRODUCTION

　　很少有民族或群体像维京人那样对流行文化产生如此大的影响。从现代城市的基础到漫画中的超级英雄，他们为我们提供了众多的文化元素。他们因冒险和抢劫开拓了很多著名的岛屿，甚至还有大陆。当然，他们的掠夺行为已经成为传奇。

　　然而，大部分关于维京人的流行文化都只是传说，通常人们想象中的维京人是这样的：一群海盗，头上戴着有角的头盔，用骷髅高脚杯喝着蜂蜜酒，时刻渴望为战争光荣捐躯……实际上这些传说从未真实发生过。

　　就连那句"名言"——"救救我们吧，哦，上帝，别让斯堪的纳维亚人降怒于我们！"——很可能也只是一个传说。这句话很可能是出自当时宗教人士之口，而且可以肯定的是，许多人正是因为这句话才祈祷。但其实很难找到这句话真正的来源，甚至可能根本不存在。这句话可能是与维京人有关的最常见的一句话，其本身比其他任何事情都更能概括他们的事迹。

　　维京人的真实情况比流行的说法要复杂得多。在耳熟能详的传说中，他们既是一群嗜杀成性的海盗，又是一群严峻冷酷的勇士。与之相反，真实的他们平平无奇，却又在许多方面令人难以置信。这些人乘坐敞篷船航行在波涛汹涌的北大西洋上，他们沿着能通往俄罗斯的河流航行，深入陆地，寻找新的贸易伙伴和可掠夺的资源。他们既是探险家、商人，

上页图　维京长船是维京人的象征，其重要性远胜一切。这些船只虽然体积小，但是适航性强，船员们在船上战斗、抢劫、交易，以此推开世界的大门。

也是战士，他们的遗产造就了现代世界。

历史证据

我们对维京人的了解来自很多方面，但没有一个来源是完全可靠的。传统的考古活动已经发掘出不少文物、墓地以及定居点，我们能够借此研究维京人的文化——虽然只有少量的材料保存完好。我们可以对某一物品的功能甚至意义进行推断，做出有根据的猜测，但我们不能十分肯定其是否准确。一些已知的"事实"都是从相对模糊的来源推断出来的，例如发现墓穴中珠宝上有腐烂布料的印记。尽管专家做出了一些推断，但这些推断也只是接近事实的猜测。

考古活动让我们知道维京人如何建造他们的家园和船只以及他们是如何战斗的。虽然有些演员只是在扮演"电影中的维京人"，但许多人都是非常认真的研究者，他们在重建过

下图 我们对维京人的了解大多来自一些墓地，类似于丹麦奥尔堡（Aalorg）的这一块墓地。如果这些发现能够增加我们对维京文化的了解，那么我们必须对其做出正确的解读。

上图　对一些人来说，扮演维京人是一种有趣的游戏。这也是一个亲身体验维京人生活方式的机会。

去方面表现得十分出色。在用斧头作战或造船方面，一个人无论来自哪个世纪，在相似条件下用同样的材料和工具战斗或工作，他都有可能采取类似的方法。

　　我们还可以从历史著作中了解到很多关于维京人的资料，但这些书籍不可避免地都带有一些偏见。关于维京人的记载多是由那些经历过北欧人怒火的教会人士或者王国居民所写的。他们的观点即使没有刻意的偏见，也会因为自己不是维京人、不了解对方的心理和生活方式而产生偏差。在许多情况下，他们只是通过观察维京人社会的一部分来写作——通常是战士、抢劫者或者贸易团体，而这些群体在外国的所作所为可能与他们在故土的生活大相径庭。

　　关于维京人最"直接"的资料来源是传奇中的诗歌和口述历史。然而，这些英雄故事都是多年来被反复讲述的，直到那些事件发生几个世纪后才最终被记录下来。在许多情况下，传奇故事可以与历史证据联系起来，或者通过其他方式加以证实，但这些传奇最终都可能只是虚构的冒险故事，并不比一般的历史小说更准确。

　　把这些资料放在一起，我们就可以大致描绘出维京人的形象，推断出他们曾经做了什么，更重要的是，为什么会这样做。在人们普遍的印象中，那些粗鲁、肮脏的暴徒做出肆意破坏和屠杀的行为，并非完全没有根据。维京人确实有过掠夺行为，他们确实破坏了不少有价值、美丽的地方。他们的袭击给受害者造成了痛苦，给许多地区带来了动荡。他们也冒犯了那些有能力书写历史并让历史永垂不朽的人。

　　基督徒惧怕、憎恨维京人毁坏修道院的恶行，于是主教们愤怒地将这些恶行记录下来并公之于众。他们的愤怒是合理的，也是可以理解的，但这只是他们的一面之词。简而言之，正是憎恨维京人的那些人使维京人给世人留下了相当恶劣的印象，

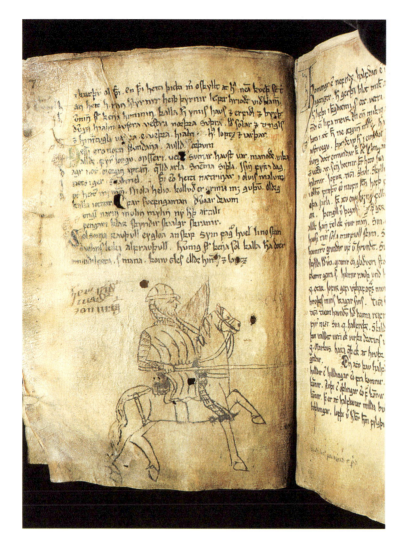

左图　我们所掌握的关于维京人的大部分"第一手"资料都来自传奇，这些传奇在最终被写下来之前已经在好几代人中口口相传。

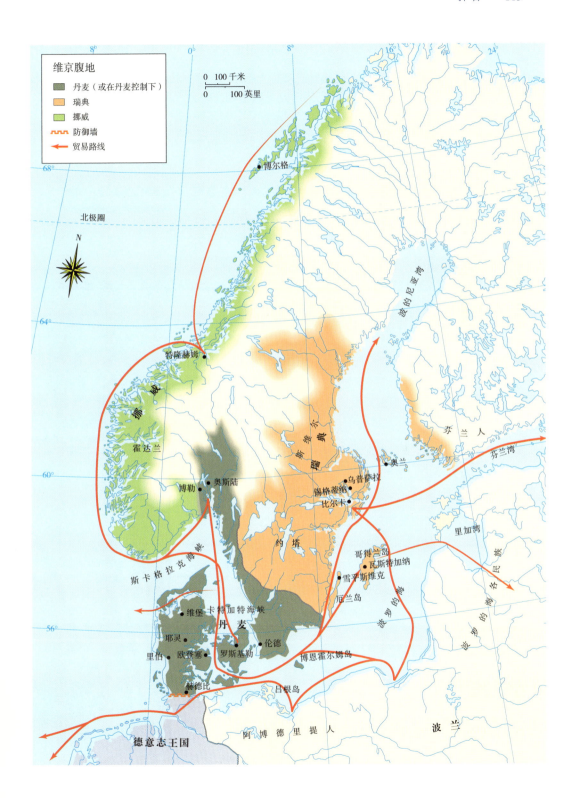

维京腹地
- 丹麦（或在丹麦控制下）
- 瑞典
- 挪威
- 防御墙
- 贸易路线

0　100千米
0　100英里

北极圈

N

博尔格

特隆赫姆

挪威

霍达兰

博勒　奥斯陆

斯卡格拉克海峡

维堡　卡特加特海峡

丹麦

耶灵
里伯　欧登塞　罗斯基勒
赫德比

德意志王国

博恩霍尔姆岛

吕根岛

阿博德里提人

波兰

斯维尔

瑞典

约塔

哥得兰岛
瓦斯特加纳
雪平斯维克
厄兰岛

波罗的海

波的尼亚湾

芬兰人

奥兰

乌普萨拉
锡格蒂纳
比尔卡

芬兰湾

里加湾

波罗的海各民族

多年来人们对他们的"了解"大多是基于一些很不友善的传言。

维京人确实是一个崇尚暴力的民族。这是因为在当时，力量和战斗力对商人或探险家的生存至关重要，一个人必须保卫自己的家人、民族和国家，才能不让其他人夺走他的一切。

如果从维京人的角度来看，他们的行为是有一定道理的，虽然他们中有一些人确实是为了破坏而破坏，但他们的行为有经济、政治和社会方面的原因。他们并不是杀人不眨眼的疯子，也并不会杀害他们所在道路上的所有人。他们的袭击与定居模式是有逻辑可言的。虽然他们的收获是以牺牲别人的利益为代价的，但这就是当时世界的一种生存方式。弱肉强食，适者生存，命运眷顾勇敢的人。

名声

维京人不仅很强大，也很勇敢。他们的文化将"名声"看得比其他一切都重要。他们相信，如果一个人的事迹被活着的人记住并谈论，他就能获得某种程度上的不朽。短暂但不平凡的一生胜过几十年的平庸。战斗中的英勇表现、艰难的航海壮举、在力量或技能的男子竞赛中获胜等都能为他们赢得名声。维京人的"愤怒"在很大程度上是由同龄人的压力所导致的，他们不希望被同伴超越。因此，这些人遍布世界各地去扩展他们的疆界也就不足为奇了。当机会来临时，他们就能得到自己想要的东西；而对于那些比他们弱小的人，他们毫不在意。

维京时代

维京人属于历史上一个非常精确的时期。历史学家公认的维京时代，始于公元 793 年对林迪斯法恩（Lindisfarne）的

上页图　现在通常被称为维京人的人起源于丹麦、瑞典和挪威，他们通过定居和融合的方式将其文化传播到其他地区。

下图　林迪斯法恩的这件石雕雕刻了一群武装抢劫者，这也是现代大多数人看到的维京人形象，然而维京社会远比这复杂得多。

血腥袭击，终于 1066 年的黑斯廷斯战役（Battle of Hastings）。在这近 300 年的时间里，维京文化发生了重大变化。更重要的是，他们对后来社会的影响大得让人难以置信。

　　为了充分了解维京人对历史的影响，以及他们在今天仍然具有的影响，我们有必要研究他们的事迹和文化，了解他们是谁、从哪里来。他们的故事并不简单。他们的传说流传许久，可能已经被歪曲，但它仍然是历史上伟大的故事之一。

　　第一批维京人，于公元 793 年抵达林迪斯法恩，他们对自己即将赢得的名声感到高兴。虽然他们早已故去，他们掠夺的资源已经耗尽，他们的社会已经消失，但是他们的事迹仍然在 21 世纪传播，很少有人能取得比他们更大的成就。

第一章
维 京 人 的 起 源

ORIGINS OF THE VIKINGS

793 年，一批来自北海对岸的抢劫者登陆林迪斯法恩岛并洗劫了那里的修道院，从此历史开始注意到今天被称为维京人的这个群体。这不是一次偶然的登陆，也不是维京人的船只第一次在诺森布里亚（Northumbria）海岸登陆。

抢劫者在以前的探险中发现了一座修道院，知道那里容易抢劫。这些抢劫者的来处还有待探究。尽管有人认为他们可能是弗里斯兰人（Frisians），但大多数历史学家认为他们是斯堪的纳维亚人。最有可能的推断是他们来自丹麦或者挪威，可能是从奥克尼（Orkney）群岛或设得兰（Shetland）群岛的定居点出发的。现代资料显示他们来自北方或者"强盗之地"，这也表明这些海员早在袭击林迪斯法恩之前，已有多次袭击的经验，他们早已名声在外。

洗劫林迪斯法恩事件重大，现在人们将其视为一个崭新的、令人恐惧的民族出现的标志。这是维京时代的一个简单而明确的起点，但是北方人并不是简单地在某天早晨醒来，就决定在接下来的 300 年里要洗劫欧洲海岸。那么，他们为什么要这样做呢？他们从何而来，又是什么使他们变得如此残忍呢？

上页图　维京人进一步袭击的威胁使修道士们放弃了林迪斯法恩。直到维京时代结束后的公元 1150 年左右，这个地方才被重新占领，林迪斯法恩修道院也才得以重建。

下图　这些绿石工具的年代可以追溯到公元前 7500 年至公元前 5500 年，当时日德兰和丹麦群岛上人烟稀少，只有一些小型农业聚落。

上图　公元前 1700 年左右这类燧石匕首开始被青铜匕首取代。青铜工具的使用范围起初是有限的，但是它相对于石器的明显优势促使斯堪的纳维亚半岛的金属加工工艺迅速发展起来。

早期住所

　　可能在 20 多万年前，也就是民德－里斯间冰期，就已经有人类在斯堪的纳维亚半岛居住了。但那个时代的任何人都会被当地恶劣的气候条件赶走或杀死，直到公元前 9000 年至公元前 8000 年，人类才回到这个地区。有证据表明丹麦在公元前8000 年至公元前 4000 年间就有人类居住，比如发掘出来的石雕。

　　在公元前 4000 年至公元前 1500 年，农业和畜牧业的产生使人们的生活方式更加稳定，并且这个时代出现了许多定居点。公元前 2000 年至前 1500 年，青铜工具的引进改善了农业和工业技术，可以养活更多的人口，当然也使敌对聚落之间的冲突更加激烈了。

右图　冶铁是斯堪的纳维亚半岛的一项技术创新，可以生产出更好的武器。而且斯堪的纳维亚半岛拥有丰富的铁矿，使得人们对进口材料的需求减少了。

在青铜时代，斯堪的纳维亚半岛的社会是以小聚落为基础，有一些富裕的人可以负担得起隆重的葬礼，随葬品中有不少青铜工具和武器。这些武器中有许多经常使用的痕迹，这表明战斗在当时司空见惯。当时贸易已经很普遍，斯堪的纳维亚半岛的一些地区会进口大量的金属供当地工匠加工。

铁器时代

尽管公元前 500 年左右发生的降温可能使斯堪的纳维亚半岛的人们的生活变得更加艰难，但青铜时代该地区气候仍比现在要温暖很多。大约在同一时期，铁的使用变得更加普遍。起初，工匠主要制作青铜器工具，但最终转向了制作铁具和武器。因为当地就能获取铁矿石这一材料，并且资源十分丰富，不需要大规模进口金属。

虽然罗马帝国的军队从未进入斯堪的纳维亚半岛，但该地区的人民在与罗马人民进行贸易过程中，无疑吸收了罗马的先进文化和技术。这一时期的罗马著作对斯堪的纳维亚人的名字以及一些可能源自该地的文化概念有了模糊的介绍，但因为其中一些资料提到了长着狗头或者秃鹰头的人，所以这些著作在其他方面的准确性上仍值得商榷。

考古发现表明，铁器时代的斯堪的纳维亚人发动过海上袭击，并且参与人数众多。为了防御敌人的袭击，他们还建造了山堡等防御工事。这一时期的金属加工技术取得了进步。尤其是在罗马帝国衰落、不再积极保卫边境并开始贿赂其野蛮邻国以避免袭击的时候，带有复杂图案的黄金制品流通变得相当普遍。这些财富中的一部分通过各种途径进入了斯堪的纳维亚半岛，这导致在 400 年到 600 年期间，该地区的社会精英无论用什么标准来衡量都是很富有的。

在这之前，斯堪的纳维亚人和日耳曼人说同样的语言，但是 550 年到 750 年间的变化导致了一种叫"丹麦语"（dönsk tunga）的语言出现，这一语言现在被叫作古北欧语。丹麦语在丹麦、挪威、瑞典、英国、冰岛及其岛屿的"维京"土地上被广泛使用。

在维京时代后期，瑞典和丹麦等东部地区的语言与冰岛等西部地区的语言之间出现了分化。但在维京人第一次袭击林迪斯法恩的时候，大多数北欧人都说同样的语言，这让人们对袭击方的确切来源地产生了混淆。

500年的日耳曼王国

各民族的移动路线
- → 匈奴人路线
- → 斯拉夫人路线
- → 日耳曼人路线
- → 凯尔特人路线

N

芬兰乌戈尔族人

北极圈

挪威海

斯堪的纳维亚人

法罗群岛

北海

波罗的海

朱特人

盎格鲁人
撒克逊人

凯尔特人 盎格鲁-撒克逊人

法兰克人

勃艮第人
阿勒曼尼人

图林根王国

汪达尔人

匈奴人

大西洋

卢泰西亚

南尼特斯人

东哥特王国

西哥特人

苏维汇

勃艮第王国

帕维亚

拉文纳

斯普
利特

尼什

马尔西安波利斯

阿雷拉特

阿德里安堡

君士坦丁堡

苏维汇王国

巴斯克

马西利亚

亚得里亚海

东罗马帝国

萨洛尼卡

爱琴海

托勒坦

西哥特王国

里斯本

瓦伦西亚

巴利阿里群岛

科西嘉岛

萨丁岛

罗马

士麦那

雅典

希斯帕利斯

新迦太基

汪达尔王国

地

帕诺尔姆斯

西西里岛

中

克里特岛

希波城

迦太基

海

汪达尔人

柏 柏 尔 人

文德尔时期

400 年到 800 年期间，欧洲大部分地区一片混乱。匈奴人到达欧洲东部边缘地区后，使得这些地区所有民族都开始流离失所，人们被迫向西迁移到邻国。在整个社会努力寻找新的居住地时，一个冲突的时代已然来临。

这一时期被称为移民时期，这一时期里所产生的动荡持续了几个世纪。到了 8 世纪，欧洲出现了一种新的秩序，强大的墨洛温王朝（Merovingian Dynasty）控制了原高卢（Gaul）的大部分地区。斯堪的纳维亚半岛没有像欧洲大部分地区那样受到匈奴人入侵的严重影响，继续保持着相对稳定的局面。稳定可以带来贸易，进而带来繁荣。

瑞典在当时非常富有。在文德尔（斯德哥尔摩北部）发现了许多船葬物，文德尔时期因此得名。这些墓葬奢华无比，随葬的有不少精美的金制品、高质量的武器和盔甲，以及其他进口到斯堪的纳维亚半岛的奢侈品。

文德尔时期的墓葬及随葬品表明，从 500 年到 800 年，斯堪的纳维亚半岛享有一个富裕和稳定的时代——事实却截然相反。彼时斯堪的纳维亚人有能力去欧洲贸易探险和探索东部土地（今芬兰和俄罗斯地区），以及跨越北海去抢劫。他们在奥克尼群岛建造了定居点，将其作为贸易远征途中"海上之路"的中转站。

上页图 罗马帝国灭亡后，欧洲动荡不安，所有民族流离失所，他们在寻找定居地时迫不得已与其他民族发生冲突。斯堪的纳维亚半岛受到的影响要小得多，因此形成了一个相对繁荣的时代。

下图 文德尔时期（Vendel Period）得名于瑞典文德尔对这一时期的大型考古发现。这个头盔为船葬物。其构造表明当时金属加工技术水平很高。

维京时代的黎明

789 年，也就是林迪斯法恩遇袭事件发生的前几年，三艘"维京"（可能是挪威人的）船只驶入了韦茅斯（Weymouth），当时人们普遍认为这只是一次贸易探险。但一场与当地官员的争执演变成了一场打斗，继而演变成了一场刀斧相向的殊死搏斗。虽然那时这个事件被描述成维京人对港口的一次袭击，但很可能更像是一次意外的国际事件——与外国水手发生冲突在当时并不罕见。海盗袭击沿海定居点的事件经常发生，而且他们冒险沿河而上袭击内陆城镇的情况也并非没有。卷入韦茅斯事件的"商人"很可能当时正在进行贸易远航，但这并不意味着他们没有在其他场合进行过袭击。这种主题在整个维京时代反复出现。身强力壮、全副武

下图　位于奥克尼群岛怀尔的库比·罗古堡（Cubbie Roo's castle）是在维京时代结束后由在奥克尼群岛生活了几个世纪的北欧人建造的。在此之前，中石器时代和新石器时代的人们一直生活在这里，但很可能早在600—700年维京人到达之前，他们就已经放弃了这些岛屿。

"不要害怕死亡，因为你的末日已经注定，没有人能逃脱。"

装的人驾驶着适于航海的船只，有能力开展和平的探险和贸易，但也能进行野蛮的掠夺和抢劫。在某些情况下，他们在特定时间从事哪种活动可能只是个人偏好的问题，但更多时候则取决于哪种活动更有利可图。

关于"维京人"这个词的起源有一些争论，一种说法是它来源于一个意思是"远征探险"的词语。海上航行需要船上的划手轮流工作，这在任何长途旅行中都是必要的，所以任何长途探险、贸易或者袭击都需要这样的安排，因此这就成了"维京"探险。

不管这个词的起源是什么，它已经被用来形容那些从斯堪的纳维亚半岛出发、乘坐特定类型的船只航行的人。这个词后来演变成了形容那些崇拜野蛮神的海盗和凶猛战士的词。而在维京时代，这个词宽泛地用于形容斯堪的纳维亚居民，包括那些从未靠近过大海的爱好和平的农民。外人只相信他们在与维京人的接触中所看到的，而这种接触往往是充满暴力的。

掠夺与利润

那时的维京人是一群勇敢好战的人，并且发明出了高超的技术。这些人是专业的武器制造者和金属工匠，能够建造出优秀的船只。当贸易比掠夺更有利可图时，他们就会进行贸易，而且他们不会为了破坏而破坏，因为那样做并没有意义。维京人探险的动机是财富和名声。一次成功的探险——无论是贸易还是袭击——都会给参与者带来这两种珍贵的东西。带着满载战利品的战舰以及战斗中英勇无畏的故事凯旋，或许比与远方的人们进行一场精心准备的贸易谈判更令人兴奋，因为一次有利可图的航行可以传扬名声，而名声带来的地位并不总是可以简单地用财富买得到的。

因此，发动林迪斯法恩袭击的决定是合乎逻辑的。这个目标很容易实现，而且能掠得大量的战利品。这次探险给每个参与者都提供了一个既可以发财又可以出名的机会。

这次袭击吸引了一群敢于冒险的人，他们相信一个人可以得到他想要的任何东西，只要他有力量和勇气去赢得它。从当时斯堪的纳维亚海员的角度来看，林迪斯法恩是一个完美的机会，他们可以做他们几个世纪以来一直都在做的事情。

维京时代之初的人们并没有突然改变以前的习惯。维京人世世代代都在进行抢劫和贸易。唯一真正改变的是他们的行动规模，以及他们吸引了那些有能力创造历史的人的注意力。维京时代并非始于北欧人决定开始袭击的时刻，而是始于世界其他地方开始注意到他们的时刻。

下页图　早期维京人的袭击特点是规模小，且并不深入陆地。在找到合适的袭击目标之前，他们通常会沿着海岸航行。

下图　维京长船的设计高效实用，使它成为一种可以在公海上进行长途航行的小型船只。这些船只或多或少都曾穿越过冰岛。

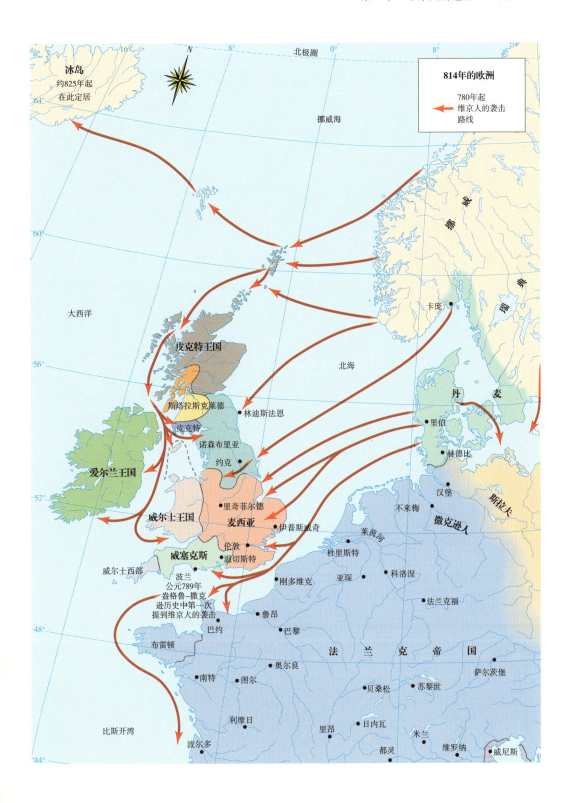

冰岛
约825年起
在此定居

挪威海

北极圈

814年的欧洲

780年起
维京人的袭击
路线

挪 威

大西洋

瑞 典

皮克特王国

卡庞

北海

丹 麦

斯塔拉斯克莱德

里伯

皮克特

林迪斯法恩

赫德比

诺森布里亚

汉堡

斯拉夫

爱尔兰王国

约克

不来梅

撒克逊人

里奇菲尔德

威尔士王国

麦西亚

伊普斯威奇

莱茵河

杜里斯特

威塞克斯

伦敦

温切斯特

科洛涅

亚琛

威尔士西部

波兰
公元789年
盎格鲁–撒克
逊历史中第一次
提到维京人的袭击

刚多维克

法兰克福

鲁昂

布雷顿

巴约

巴黎

法 兰 克 帝 国

南特

图尔

奥尔良

萨尔茨堡

比斯开湾

利摩日

贝桑松

苏黎世

里昂

日内瓦

米兰

维罗纳

都灵

波尔多

威尼斯

第二章
古代北欧的宗教信仰
THE OLD NORSE RELIGION

维京人经常被描绘成崇拜嗜血的神的群体，其黑暗的宗教仪式可能涉及人祭和其他骇人的做法。这种观点主要来源于基督教会，但也有一定的道理。牺牲是维京人宗教信仰中的黑暗元素。

古北欧宗教认为宇宙分为三个主要部分，这三部分又可再细分为其他部分。人类居住的世界被称为米德加德（Midgard），即"中央世界"，周围是一片广阔的海洋。在这片巨大但有可能穿越的海洋之外是厄特加尔（Utgard），即"外面世界"，那里是"巨人之家"约顿海姆（Jotunheim）。在米德加德以北是矮人的故乡尼达维利尔（Nidavellir）和黑暗精灵的故乡斯瓦塔尔夫海姆（Svartálfheim）。另外，海底住着耶梦加得（Jörmungandr）——"世界之蛇"（World Serpent）。

上页图　奥丁八条腿的骏马斯莱普尼尔是所有马中最好的，能够载着他的主人往返冥界。它诞生于诡计多端的魔术师洛基的一次冒险，洛基在变身为母马的过程中生下了它。

下图　伟大的白蜡树——世界之树，是北欧宇宙观的中心，它的根源来自不同的世界。世界之树甚至在诸神的黄昏中幸存了下来，保护最后的人类免遭宇宙毁灭的伤害。

在这个以米德加德为中心的"中央世界"的下面，是死亡之地尼福尔海姆（Niflheim），或许还有火焰巨人之地穆斯贝尔海姆（Muspelheim）。这个位置在北欧神话中是模糊的，它可能位于米德加德的南部，靠近尼福尔海姆，或者完全在其他地方。在米德加德之上，通过彩虹桥（Bifrost）与之相连的是华纳海姆（Vanaheim）和阿斯加德（Asgard）的"众神之地"，还有一片名为亚尔夫海姆（Alfheim）的土地，那里住着光明精灵。

北欧神话中的世界是由世界之树（Yggdrasil）连接起来的，它起源于约顿海姆、阿斯加德和尼福尔海姆。世界之树是一棵白蜡树，显然比宇宙还要古老，它甚至可以在拉格纳洛克（Ragnarök，也被称为"诸神的黄昏"，一场涉及许多神的死亡和世界在重生前被淹没的大灾难）中幸存。仅有两个人在万物毁灭中幸存下来，他们将受到世界之树的庇护。

北欧宗教以永恒的冲突为中心。有两个神族，分别是华纳神族（Vanir）和阿萨神族（Aesir），他们曾与巨人（Jotnar）交战，而他们的最后一战将摧毁宇宙。北欧语中对这些神族的敌人的称呼是巨人，与希腊神话中的"泰坦"（Titan）很相似。阿萨是巨人的后裔。各种各样的神会与巨人的孩子结婚，这就意味着他们之间可以形成某种亲属关系。

"受致命伤的人却能为自己报仇，这种事是常有的。"

交战的神灵

似乎与巨人作战还不足以让众神忙碌起来，华纳和阿萨这两个神族之间也存在着冲突。阿萨是战争之神，华纳则是生育之神。起初，他们和谐地生活在一个黄金时代，在宜人的草地上玩着金币游戏。但最终和谐被打破，阿萨神族和华纳神族之间爆发了冲突。

战斗开始时，阿萨的领袖奥丁（Odin）向华纳的队伍投掷了一支长矛。投矛之后就成了维京人战争的一个传统，投得好被视为胜利的预兆。然而，在这种情况下，事实并非如此。华纳用魔法摧毁阿斯加德（阿萨的家园）的城墙。作为报复，阿萨神族推倒了华纳神族居住的华纳海姆的城墙。

最终，很明显，双方都无法赢得决定性的胜利，因此大家达成共识：尽管双方都有错误，但是华纳神族和阿萨神族都应该为他们在战斗中展现的能力和勇气而获得荣耀和尊敬。双方同意通过谈判达成和平协议。但阿萨的表现更好。结果就是战争之神和生育之神结成联盟，彼此互补。

阿萨和华纳之间的战争一结束，他们就相对和谐地生活在一起，但是诸神之间的个人冲突仍在上演。这些冲突往往是由于他们的起源引起的竞争或敌意。事实上，把北欧神话的大部分内容看作是一个好争论的大家族所经历的磨难并非不合理，这个家族的远支经常（但并非总是）彼此争执不休。

精灵、矮人和北欧人

在北欧神话中，除了人类，宇宙中的其他种族在某种程度上也是强大的存在。尤其是光明精灵，他们与阿萨有点关系，并与之生活在一起，而黑暗精灵则居住在地下王国。彼时的精灵是强大的生物，但仍不如早期的精灵强大。人类有时会向精灵献祭，精灵既可以是慷慨的朋友，也可以是可怕的敌人，因此人们更依赖于神的帮助和指引。

人类并不崇拜矮人，但会承认他们是拥有强大力量的存在。他们生活在地下，远离会将他们变成石头的阳光，并守护着重大的秘密。人类也不崇拜巨人，但会承认他们力量强大。其他生物，例如各种不死生物和超自然的灵魂，常常出没于人间。

"当一切都按照你心中的愿望进行时，喜欢好的东西是有益的。"

其中有一些会受到人们的崇拜，因为那样做可以给向他们献祭的人带来好处。他们也可能因被激怒而给人类造成伤害。根据北欧神话，每个人的命运都由诺伦三女神决定，这是三个分别能看到未来、现在和过去的女人。一些传说提到诺伦女神会去看望新生儿，并决定他们的命运，三人中有的带有恶意，会使婴儿的生活陷入困境，而有的则会带来好运。

女武神

瓦尔基里（Valkyrja），即女武神，也是超自然的存在。她们是"选择战死者的女人"，会把死去的战士从战场上运走。在近代，她们被描绘成美丽的盾牌少女，有时骑着有翼的马，而在一些传说中，她们又可能是国王的女儿。然而，在早期的描述中，女武神的坐骑通常被描绘成狼，而其本身也被描述成乌鸦的样貌。因此，她们最初可能没有浪漫的现代版本那么有吸引力。

在维京传奇中，女武神有时候会帮助凡人战士，有些故事还讲述了她们成为凡

左图　现代将女武神描述成美丽的女战士可能是基于一些传奇，故事中女武神带走了人类情人，或者成为国王的女儿。最初的她们可能是女巫或者与腐烂的野兽类似，这使得她们在寻找英雄伴侣方面不具有吸引力。

人英雄的爱人，甚至为对方生儿育女。一些女武神看起来既是凡人又是超自然的神，这种表面上的矛盾实际上很契合维京神话的其他内容——众神和其他超自然生物是世界的一部分，并且经常造访凡人的领域。如果神灵和人经常互动，也许世俗和超自然之间的界限就会变得模糊。

没有积极参与战斗时，女武神会将倒下的战士运走。其中一半被带到瓦尔霍尔（Valhol，又名瓦尔哈拉），另一半则被带到弗尔克范格（Fólkvangr）。这两个地方有着相似的功能，但分别由奥丁和芙蕾雅（Freyja）统治着。在那里，死去的战士们将互相对战练习战斗技巧，从而为伟大的战役"诸神的黄昏"做准备。不打仗的时候，他们会大吃大喝，享用女武神的蜂蜜酒。在这里，人和神之间的界限也变得模糊了——在战斗中倒下的凡人将在末日与诸神并肩对抗超自然的敌人。

妇女没有去过瓦尔霍尔或弗尔克范格，她们死后的命运也就不那么明朗。她们有可能在赫尔格菲耶尔（Helgafjell）的圣山上找到一个属于自己的地方。在那里，那些没有在战斗中阵亡但是也没有去冥界的人将过着永生的生活。赫尔格菲耶尔不是一个糟糕的地方，那里没有暴力；有些人把它描述为一个舒适的、永恒的、适合退休生活的地方。

那些去往冥界的人就没有这么幸运了。死亡女神海拉统治着这个充满惩罚和折磨的严酷王国，人们在其手下无法逃脱。没有在战斗中死去的战士注定要去往冥界，这使得因疾病或其他自然原因而死亡成为一件令战士感到可怕的事。这在一定程度上解释了为什么著名的维京人那么凶猛——在某些情况下，战死并没有比活着更令人恐惧，因此在战斗中被杀也并不意味着是最糟糕的事情。

下页图　这里描绘的是雷神遇见尤弥尔的场景。尤弥尔最终被奥丁和他的儿子们杀死。众神肢解了尤弥尔并用他的身体创造了世界。他的血化成了大海，他的肉聚成了大陆。

上图　奥丁神，和所有北欧神一样，他的性格相当复杂。作为众神之父和伟大的领导者，他无疑是个男性角色，然而他使用的魔法却被他的同龄人认为是柔弱的。

北欧众神

维京人拥有许多神灵，其中最主要的是奥丁神，即"众神之父"，人们认为他创造了人类，养育了许多阿萨人。他不仅是战士，还有其他能力，比如引导灵魂去往来世。奥丁也是一位智慧之神，他为知识做出了巨大的牺牲。他学到的东西之一是自己未来的死亡方式，在福金（Hugin）和穆宁（Munin）两只乌鸦的帮助下，他听说了世界上发生的一切。

奥丁知道世界将在一场被称为"诸神的黄昏"的伟大战役中结束，巨狼芬里尔（Fenrir）将在这场战役中吞噬他，他的儿子维达（Vidar）会为他报仇。奥丁知道所有神的命运，知道其中谁能在"诸神的黄昏"战役中幸存下来或者谁不能，同时也知道宇宙将基本毁灭。他的预知在某种程度上呼应了北欧战士的宿命论：死亡是不可避免的，但是名声却可以永远存在。

奥丁有两个妻子，弗丽嘉（Frigg）和娇德（Jord）。弗丽嘉来自阿萨神族，是女神的母亲，在家庭生活中扮演着母亲的角色。她是一些神灵和女神的母亲，（在一些传说中）是托尔（Thor）的姐妹。托尔的母亲娇德是大地女神，也被称为费奥琴（Fjörgyn），有时也被称为大地。

右图 海姆达尔的画像，他是彩虹桥的守护者，能够通过吹响他的"加拉尔号角"，警告众神敌人正在靠近。"诸神的黄昏"由此开始，这是众神与巨人之间的世界末日之战，这场战争将以宇宙的毁灭而告终。

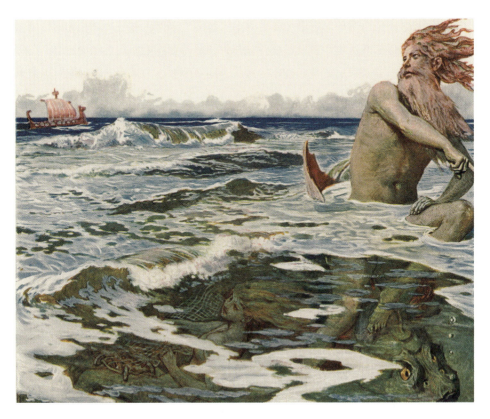

也许北欧诸神中最著名的神是雷神托尔，他在许多方面都是维京勇士的化身。雷神托尔大部分时间都在与巨人战斗。在"诸神的黄昏"的传说中，他和"世界之蛇"耶梦加得厮杀。托尔个性自负，脾气暴躁，并不以高超的智慧而闻名。有一次，他和一个伪装成奥丁的人类进行了一场被传统视为耻辱的较量。虽然在智慧之战中输给"智慧之神"并不是特别糟糕，但是托尔没有意识到自己已经被打败了。

海姆达尔（Heimdall）是另一位战神，关于他的事迹和角色有着相互矛盾的说法。他的父亲是奥丁，母亲至少有九个，都是巨人。有些传说认为海姆达尔是凡人之父，并以敏锐的感觉而闻名。他可以站在连接米德加德和阿斯加德的彩虹桥上，聆听米德加德草木生长的声音。他作为桥梁的守护者，职责是在"诸神的黄昏"来临之日提醒诸神敌人正在靠近，并召唤诸神来进行他们的最后一战。

上图　海神埃吉尔看着一艘维京船，而他的妻子澜则潜伏在海面下收集每个溺水而亡的人。他们的女儿被描绘成了海浪。

当然，并不是所有的北欧诸神都是战士。弗雷（Freyr）和他的妹妹芙蕾雅是生育之神，他们保佑凡人世界繁荣昌盛，被誉为和平使者。他们来自华纳神族，在两个神族之间的战争结束后，他们被作为人质送到阿萨神族中生活。同时他们也带来了对众神有用的魔法宝藏。

尼约德（Njord）是弗雷和芙蕾雅的父亲，也是作为人质生活在阿斯加德的华纳神族。他是一位海神，可以保佑他的崇拜者安全航行，并在航行中获得财富。他不是唯一的海神，作为海员，维京人自然会崇拜几个与海有关的神，包括埃吉尔（Aegir）——一位热情好客的神灵，为其他神灵酿造了大量麦芽酒。埃吉尔的妻子澜（Ran）就不那么讨人喜欢了，她的职责是用网收集海底死去的海员，然后带他们去往来世。澜和埃吉尔有九个女儿，她们被描绘成海浪。

恶作剧者洛基

维京诸神所遭受的大部分麻烦都是洛基（Loki）所为，他是巨人的孩子，但却是奥丁的养兄弟（或者说是血亲）。洛基一直是个骗子，以恶作剧闻名，其中有些恶作剧相当残酷，对其他神明也是如此残酷。尽管他破坏了他们的信任，制造了工程纠纷，造成了不少麻烦，然而，起初他在他们的斗争中也是有用的，帮助他的亲人避开了许多危险。洛基多变的性格在很多方面反映了他的本性。其他的神灵都是可靠的，唯有洛基从一个麻烦的亲戚变成了一个致命的敌人。

右图　由皂石雕刻而成的洛基的五官。洛基虽然设计了"诸神的黄昏"，大多数神灵的死亡也是由他造成，但是在某些情况下他对诸神的生存至关重要。

"谁不能保护他们所拥有的财富，谁就得死，或者与流浪者分享。"

　　洛基的罪行之一就是偷窃了让众神保持青春的金苹果。北欧诸神并不是不死之身，他们通过食用神奇的金苹果来延缓衰老。洛基被当时伪装成鹰的巨人夏基（Thiazi）欺骗和伤害，同意偷取金苹果并骗走种植苹果的女神伊登。由于被剥夺了保持青春的权利，诸神都变老了，变得虚弱了。他们意识到洛基有责任处理好他造成的麻烦，就迫使他尝试营救他们。洛基化身为鹰，找回了伊登和她的金苹果，在巨人的追击下回到了阿斯加德，巨人随后被复仇的众神杀死。

　　洛基也对巴德尔（Baldr）之死负有责任，尽管他确实利用了各种神灵愚蠢的缺陷。巴德尔因梦见自己的死亡而心烦意乱，他的母亲弗丽嘉为了保护他，让地球上的万物都承诺永远不会伤害她的小儿子；除了槲寄生之外，万物都发了这样的誓言。巴德尔因刀枪不入成为传奇，众神便想出了一个向他投掷武器的游戏。洛基

左图　在洛基因杀害巴德尔被处罚期间，他忠诚的妻子西格恩试图保护他免受毒液的伤害。每次她不得不清空碗时，毒液就会滴到洛基的脸上，令他痛苦地扭动，地动山摇。

用槲寄生做了一支长矛或箭矢，并在游戏中把它交给了巴德尔的兄弟霍尔（Hoor），这导致了巴德尔的死亡。

在一场盛大的葬礼之后，巴德尔去了地下世界，他的母亲弗丽嘉恳求海拉释放他。海拉同意了，条件是世界万物不管是活的还是死的，都要为他哭泣。巴德尔非常受人尊敬，除了伪装成女巨人的洛基，一切万物都照做了。由于女巨人没有哭泣，海拉就留下了巴德尔。

可能是出于对自己最恶劣的恶作剧——他间接谋杀了巴德尔，随后通过欺骗其他神灵阻止了巴德尔的复活——所受惩罚的愤怒，洛基最后变得非常邪恶，总想要报复别人。为此，他被锁在一个山洞里，有一条蛇的毒液会滴到洛基的脸上。尽管他的妻子西格恩（Sigyn）用碗接住毒液来保护他，但有时她不得不去倒掉毒液，当她离开时毒液就会烧伤洛基，他就这样一直被囚禁，直到"诸神的黄昏"来临。

洛基是海姆达尔的宿敌，在"诸神的黄昏"当天，洛基带领巨人进攻时，海姆达尔会警告众神。他们以前打过架，但"诸神的黄昏"是他们最后的一次交锋。在

右图　只有最强大的神灵，比如芙蕾雅，才会使用猫拉的战车。也许她能够让猫听命于她，朝着同一个方向前进，这微妙地提醒着人们维京女人在家庭中的统治地位。

左图　提尔牺牲了自己的手来说服芬里尔：一旦众神赢得了他们的赌注，他就会被释放。以巨大牺牲为代价的胜利是北欧神话中一个常见的主题。

这次交锋中，他们互相残杀。这是北欧神话中常见的主题——英雄和神灵在战斗中死去，或者在击败他们最大的敌人之后死去。从现代的角度来看，这似乎是一个悲剧，但是对于维京人来说，与自己的死敌战斗至英勇牺牲是最好的选择，否则在他的宿敌被击败后，战士还剩下什么？因为任何进一步的行动都不值一提：他可能遭受老死的可怕命运、被年轻的战士遗忘或者被他们的光芒掩盖。

因此，洛基为北欧诸神的故事提供了一个合适的结局。海姆达尔死于与亲戚的战斗，洛基从正义转向了邪恶，他的行为也为其他神灵提供了终极挑战。在这一点上，他是北欧诸神中最重要的一位——毕竟英雄是由他们所面临的巨大挑战决定的。洛基是三个巨大怪物的父亲：掌管死亡的海拉、"世界之蛇"耶梦加得和在"诸神的黄昏"中杀死奥丁的巨狼芬里尔。在"诸神的黄昏"时代，正是洛基率领巨人攻击阿斯加德。

洛基的怪物孩子中最有名的是巨狼芬里尔，他具有很大的威胁性。在两次捆绑他的尝试失败后，众神开始使用诡计和矮人魔法。他们与芬里尔打赌，说他无法挣脱矮人用六种魔法材料制成的一根特殊的绳子，为了表示诚意，勇敢的提尔（Tyr）把他的手放在了巨狼的嘴里。如果芬里尔无法挣脱绳索，众神许诺他们会释放他，并以提尔的手作为赌注。由于无法逃脱并被拒绝释放，芬里尔咬掉了提尔的手。巨狼仍然被捆着，发出了巨大的嚎叫声，以至于众神用剑堵住了他的嘴才使他安静下来。芬里尔就一直被捆绑着，直到"诸神的黄昏"前夕，他才逃出来杀死了奥丁。

魔法

北欧诸神能使用各种各样的魔法交通工具。奥丁有一艘名叫斯基德普拉特尼（Skidbladnir）的魔法船，它可以用来装载所有的神灵，但又可以被折叠起来放在一个口袋里。托尔有一辆由山羊拉动的战车，而芙蕾雅的战车是由猫拉动的，她有时还会骑一头巨大的野猪。奥丁骑着一匹八条腿的马，名叫斯莱普尼尔（Sleipnir），这是一

右图　托尔是北欧诸神中比较直率的一位神灵；虽然智力平平，但他是一位胆大、技术高超的战士。他与暴风雨和雷电有关，可以用力量和勇气克服任何障碍。

个洛基意外得来的孩子。斯莱普尼尔的出生是洛基帮助众神解决难题的结果。

在华纳和阿萨神族之间的战争结束之后,阿斯加德的城墙变成了一片废墟,众神的家园暴露在巨人的攻击之下。一位建筑大师提出建造坚不可摧的防御工事。结果这变成了一场赌局:如果防御工事可以在夏天的第一天建成,芙蕾雅女神将成为建设者的妻子,同时他也将得到太阳和月亮;如果失败,就要被杀死。这是一笔不菲的报酬,但任务却很艰巨。

建造者只得到了种马斯瓦迪尔法利(Svadilfari)的帮助,因为他与诸神的交易不允许有其他任何援助。尽管如此,工程还是按计划进行,众神开始怀疑他们的建造者实际上是一个巨人。这使他们陷入了困境,虽然交易是有约束力的,但是众神不愿意履行承诺,最后就派洛基去施展他的诡计。

洛基变成了一匹母马,引诱斯瓦迪尔法利放下工作。种马追赶母马,巨人建造者追赶种马,试图让它回去工作,但直到防御工事的最后期限已过也未能做到。根据交易条款,巨人的报酬被没收,之后托尔杀了他。过了一段时间,洛基回来了,生下了一匹小马。这匹小马被命名为斯莱普尼尔,并被赠送给了奥丁。

有些神也能使用魔法武器。奥丁手持长矛冈格尼尔(Gungnir),而托尔则用一把魔法锤子进行战斗,这把锤子有一个短柄,可以藏在斗篷下面,当托尔掷出去后,它还会回到托尔的手中。托尔还有一个名为梅金吉奥德(Megingjörd)的腰带,这能使他的力量增加一倍,还有一副名为雅恩格利佩尔(Járngreipr)的铁手套,这使他能够挥舞雷神之锤妙尔尼尔(Mjölnir)。

矮人们制造了许多众神拥有的魔法宝藏。这一切开始于洛基决定在女神希芙(Sif)睡觉的时候剪掉她的头发,因为这大概对于诡计之神来说是有意义的。希芙的丈夫托尔对洛基发出了可怕的威胁,洛基明智地提出了赔礼道歉。他拜访了矮人们,让他们用金子制作一头假发,矮人们照做了。他们还制作了冈格尼尔长矛和斯基德普拉特尼船作为额外的礼物。

这引发了其他矮人铁匠之间激烈的竞争,他们与洛基打赌,他们可以为众神制造最好的礼物。失败者会掉脑袋,所以他们有强大的动力去赢得赌注。洛基自然要干涉,但是没能阻止金猪古林博斯帝(Gullinbursti)和魔法臂环德罗普尼尔(Draupnir)的完美诞生。由于其中一个铁匠被洛基分散了注意力,以至于妙尔尼尔没有达到预期的效果。虽然它的魔力如铁匠所希望的那样强大,但是锤子的柄却异常的短。尽管如此,矮人还是赢了这场赌注。洛基设法退出了这次交易,虽然他的嘴被缝在了一起,但他的头还在。

诸神的黄昏

世界末日，或者说拉格纳洛克，被称为"诸神的黄昏"或"众神的末日"。"厄运"是注定的。末日以芬布尔之冬开始，这是一个漫长的冬季，充满了冲突。巨狼摧毁了太阳和月亮，所有的束缚都被打破了（包括那些对洛基和芬里尔的束缚），死人从冥界归来。在洛基的带领下，他们扬帆起航，向诸神发起攻击。与此同时，冰火巨人也在进军，芬里尔和耶梦加得也加入了进来。

海姆达尔吹响号角提醒敌人已经开始进攻，众神也都聚集起来迎战。与他们并肩作战的是史上最优秀的战士瓦尔霍尔和弗尔克范格的勇士。在随之而来的冲突中，许多神灵连同他们的宿敌同归于尽。

"诸神的黄昏"中幸存者寥寥无几。众神、人类和怪物几乎都死了，只有两个人幸存下来，之后他们寻求世界之树的庇护。整个世界都被火巨人苏尔特的火焰烧毁，随后大陆沉入海底。所有属于人类和神灵的土地，甚至包括巨人的家

下图 在"诸神的黄昏"被摧毁的世界里，众神和勇士与"世界之蛇"耶梦加得和巨狼芬里尔作战。胜利的代价是巨大的——几乎宇宙中的一切都被毁灭。

> "开头不好的，结局可能也不好。"

园，都被摧毁了。

"诸神的黄昏"恰逢其时地结束了北欧诸神的生命。对于他们来说，杀死自己的宿敌后享受舒适的退休生活，或者长生不老都是不可能的结局。他们的结局是辉煌的荣耀，对应着后世维京勇士战死沙场的愿望。在维京人的信仰中，生命是短暂的，但是名声却是永恒的。在杀死巨蛇之后，托尔被淹死在耶梦加得的毒液中，但是他从巨蛇口中拯救了世界。无论如何，一位战神在完成这样的壮举之后还能做什么呢？雷神托尔史诗般的生涯以一个适当的英雄式死亡结束。

其他的神也有类似的故事。奥丁知道他注定的命运，他已经预见了很多次。他被芬里尔吞噬，但他的儿子维达立刻撕裂了这匹狼，为他报了仇。提尔和猎犬加姆（Garm）互相残杀。海姆达尔一直在等待洛基的进攻，直至他与敌人同归于尽。他为宇宙的毁灭报了仇，杀死了造成宇宙毁灭的元凶。

在"诸神的黄昏"之后，世界重新诞生了。陆地从海面上升起，比以前更好、更肥沃。庄稼自由地生长，太阳的女儿同样明亮，同样温暖，照亮着这个全新的美好世界的天空。瓦尔霍尔和弗尔克范格的战士们复活了，巴德尔死而复生，统治着他们。奥丁和托尔的儿子们继承了他们父辈的武器，并且享受着回到黄金时代的乐趣，就像在诸神的麻烦开始之前一样。

因此，"诸神的黄昏"根本不是一个结束，而是世界本应有的重生。那些倒下的人因为用他们的勇气和苦难换来了新的宇宙而被人们永远铭记。幸存的人们享受着黄金时代。因此，在瓦尔霍尔或弗尔克范格度过的时间并不是勇士们的最终归宿，而是一段等待和准备的时期。那些有资格被女武神带走的人将有机会与他们的神灵并肩作战，并在重生的宇宙中为自己赢得一席之地。

"诸神的黄昏"在很多方面都隐喻了每个维京勇士在他的时代到来时所面临的个人的末日。他的命运在很久以前就已经

下页图 雷神托尔是杀死耶梦加得的英雄，也是世界仅存的救世主，而代价就是他的生命。托尔活了很长时间，这足以让他意识到在屈服于蛇的毒液之前，他已经战胜了他最大的敌人。

"如果一个故事有两个版本，人们会更喜欢更坏的那个版本。"

决定了，就像他的神灵一样，他会勇敢地去面对它，尽管他没有像奥丁那样背负着知晓命运的负担。如果时候到了，他就会死去，然后去等待"诸神的黄昏"的到来。如果没有，那么他可以希望还会有其他的战斗。

不难看出，这些信念往往会培养出勇敢无畏的战士，他们敢于面对任何困难，不会被困难吓倒。一场毫无希望的战斗是不可避免的，这是一个在凡间赢得不朽名声的机会，勇士们最终能够在"诸神的黄昏"之后的黄金时代占有一席之地。

葬礼仪式

维京人相信，如果死者的灵魂要进入来世，正确的葬礼仪式是必不可少的。一个合适的葬礼可以确保死者的灵魂不会继续困扰生者，并且在来生获得应有的地位。随葬品对于确保这种地位很重要，因此对墓地的考古研究极大地加深了我们对维京人及其生活方式的了解。

众所周知，"维京葬礼"把尸体放在一艘装满货物的船上，然后将其随漂流的船一起焚烧掉。然而维京人真实的葬礼各不相同，一般为在陆地举行的简单的土葬或在船上举行的火葬仪式。

火葬是斯堪的纳维亚的标准做法，一直延续到铁器时代，这时土葬变得更加普遍。关于为什么会发生这种情况，有一些猜测，最可能的解释是与东欧人民的接触以及随之而来的社会影响。这两种葬礼同时存在着，火葬在北欧更加普遍，而土葬在其他地方也很盛行。然而，土葬和火葬场地并排且明确同时使用的情况并不少见，因此处理方式也许是一个偏好问题。

个人葬礼的规模反映了他们的个人地位和财富，以及当时的社会繁荣程度。在维京时代之前，一些重要领袖的葬礼极其奢华，这些领袖可能拥有极大的财富，但在艰难时期，埋葬活人使用的物品可能被认为是浪费。

在某些时期，那些在生活中地位低下的人的坟墓中墓葬物品稀少，这表明生者的需要可能已经超过死者的需要。一把好剑在当时可能很难有替代品，在这种情况下，它必须留在地面上，为那些仍然活着和需要武器的人服务。

然而，在维京时代以及之前的大部分时期，墓葬用品是很常见的。一个穷人可能一无所有，但大多数情况下男人下葬时都会带着他的武器和工艺工具，女人

"愚人的忠告越是误导人，愚人的数量就越多。"

则会带着珠宝和家用工具。贵族和宗教领袖等重要人物的葬礼十分隆重奢华，墓中可能有财物、马匹甚至奴隶，以使他们继续为其服务。

立石等纪念碑和大型墓冢出现在许多维京人的墓地上，它们不仅是坟墓标识，也是死者及其后代的地位象征。一个巨大的土冢，里面埋葬着一位地位显赫的祖先，这会给住在附近的亲属带来一定的威望，也时刻显示着他的财富和权力。因此，纪念碑和令人印象深刻的坟墓是维京人希望获得名声的一部分，这些确保只要有人住在附近，或者路过就能想起坟墓的主人。

维京传奇中有些故事是对不适当的葬礼的警告。如果不能正确地被送往来世，死者就可能会以亡灵或尸鬼的形式回来。这些不安宁的死者必须以类似于处置吸血鬼的传统方式来安葬——斩首或者用木桩刺穿心脏。

船只和火堆

在一些葬礼仪式中，船只发挥了重要的作用。这可能是因为船被认为是通往来世的象征性交通工具，但也可能只是一件墓葬用品。造一艘船既耗材又耗时，能负担得起将一艘装满货物的船作随葬品的人的确非常富有。虽然人们普遍认为维京人的葬礼是把船放在海上随波逐流，然后将其焚烧掉，但是船只往往都是以土葬的方式处理的。

右图　本地宗教和基督教信仰在维京世界共存了很多年。这个10世纪的模具既用来铸造十字架，也用来铸造雷神的锤子符号，许多维京人对同时拥有这两种东西都习以为常。

如果处理方法是火化，那么火的温度必须足以完全烧毁尸体和随葬品，大概是为了让它们随主人而去，不被遗弃在尘世，人们把骨灰埋葬在地下或者撒入大海。如果尸体是在漂流的船上被焚烧的，那么这一步骤就是由大自然完成的；被焚烧的船只和人的残骸会被风吹散，沉入大海。

巴德尔死于洛基最恶毒的恶作剧，他的葬礼与传统的北欧葬礼如出一辙。巴德尔的灵柩上搭建了一个火葬场，上面放着他和妻子的尸体（他的妻子在准备葬礼过程中因悲伤而死）。他最喜爱的马也被献祭，放置在火堆上，这样巴德尔就可以在来世拥有额外的交通工具。火堆被点燃，船随波逐流。

巴德尔的财产都被放在了火堆上，他的父亲奥丁也给了他一份丰厚的礼物。魔法臂环德罗普尼尔每隔几天就会制作出更多相同的环，这是奥丁最珍贵的财产，它被戴在了巴德尔的手臂上。这表明了他的父亲奥丁和其他神灵对巴德尔崇高的敬意。送礼物给死者以供其来世可用并不常见，这种情况可能发生在一位深受爱戴的亲戚或者备受尊敬的领导人身上。

据说奥丁在火葬前在巴德尔耳边说了一番话，在一些传说中，奥丁承诺他的儿子会复活。这可能是因为众神企图将巴德尔从冥界中释放出来，也可能是因为奥丁知道他的儿子在"诸神的黄昏"之后会复活，并在新的黄金时代统治人类。无论是哪种情况，奥丁对复活的承诺都反映了一种信念：那些死得其所、然后在"诸神的黄昏"中做出贡献的人，将在死后复活。然而，为了实现这一目标，土葬或火葬的准备工作必须遵循某些规则，其中许多规则具有神话般的意义。死者的指甲要修剪过，因为在"诸神的黄昏"那天，死者将乘坐一艘用死者的指甲缝合在一起的船，前往战场与众神作战。这种仪式剥夺了敌人的原材料——甚至为死者的准备也是众神与敌人之间战争的一部分。

人死后七天，会举行名为"斯贾恩德"（Sjaund）的宴会，这也是当时葬礼上所喝麦芽酒的名字。死者的继承人在宴会上会面，处理他的事务并解决他留下的任何未决问题，比如偿还债权人的债务。这并不总是一件特别友好的事情，也可能导致不和，同样它们也可能在宴会上得到解决。之后，死者就真的离开人世了。人们认为他的事务已经全部解决后，继承人便可继承遗产。

下页图　无论是土葬还是火葬，船只在维京人的葬礼中有着举足轻重的地位。其中一些船只在点燃之前就被送到了海上，但是在陆地上将船只作为巨大的火葬柴堆焚烧也是很常见的。只有非常重要的人物才值得将如此昂贵的物品作为其葬礼的一部分加以烧毁。

上图 在北欧奥塞贝格附近挖掘出的一艘完整的维京船，展现了维京时代先进的造船技术。维京船在速度和载重方面达到了极好的平衡，使它们非常适合在其发源地斯堪的纳维亚的沿海水域航行。

宗教习俗：祭祀与盛宴

在基督教出现之前，维京宗教不像后来取而代之的基督教那样有正式的组织，而是私人的事情。关于维京人宗教习俗的记录相对较少，而且大部分已知的信息是基于基督教观察者们的报道，毫无疑问都带有一些偏见。也有一些黑暗传说是关于非常令人不快的做法，尽管传说中有多少是为了让

下图 一位维京首领驾着他的船和忠诚的马去往来世。他的盔甲、武器和盾牌随时可以使用，而且他很可能拥有许多珍贵的物品，它们赋予他在另一个世界的地位。这种葬礼印证了受人爱戴的巴德尔在被洛基背信弃义杀害后所举行的仪式。

故事变得精彩，又有多少是真正的日常宗教习俗，这些都是值得商榷的。

作为维京宗教一部分的动物和人类祭品是献给维京人所崇敬的神灵和灵魂的。有时祭品很简单，例如杀死一匹马放在主人的火葬仪式上；有时又十分复杂，伊斯兰学者伊本·法德兰（Ibn Fadlan）目睹了一场维京葬礼，他记录了维京人将一位年轻女子献祭的过程。

祭祀仪式本质上和性有关，其中还涉及大量的烈酒。在仪式期间，女孩告别了她的家人和朋友，受到了很高的礼遇。伊本·法德兰的记录显示，在她去世前一天晚上，她在宴会上看起来很开心。第二天，她参加了一个仪式，被抬到一个似乎是门框的东西上，这样她就可以看到神秘的世界，看到家人和主人一起在等待着她，她将在主人的葬礼上被献祭。她说他们向她招手，她很高兴能加入他们。

就在被处死之前，这个女孩和几个男人迅速发生了性关系，然后就被杀害。她的死亡可以帮助她的主人进入下一个生命阶段，因为她的身体是生命力的容器。这种复杂的祭祀仪式并不常见，但可能反映了举行葬礼的领袖的崇高地位。

即使是诸神也不能免于献祭。奥丁神根据仪式把自己钉在一棵树上好几天，以获得他著名的智慧。而且献祭人类和动物也是可以接受的。11世纪，不莱梅的亚当（Adam of Bremen）根据二手资料撰写的文章中记载，在瑞典的乌普萨拉（Uppsala）每九年会举行一次为期九天的盛大的宗教仪式，其间会有九人被献祭。

数字九对维京人来说意义重大，所以在这九天里，每天都有一个人和其他动物一起被献祭。

下图　除了在仪式上，维京人通常不会用牛角喝酒，因为这对于日常使用来说是相当不实用的工具。

"即便你走得很慢，你也会到达你的目的地。"

就和奥丁的自我献祭一样，祭品被挂在一个神圣的小树林里。这种仪式发生在初夏，也是祭祀奥丁的传统时间。正常情况下，活人祭品都是罪犯和歹徒，有时也有奴隶。然而，传说曾提到过一场饥荒，情势非常危急，以至于为结束这场灾难国王被献祭了出来。这种情况发生在动物的祭祀之后，因为地位较低的人民的献祭仍然没有效果。这些事件没有记载日期，但它们可能发生在维京时代来临之前的几个世纪。

其他祭祀活动则比较平凡。通常，他们采取的形式是庆祝活动、社会活动和宗教活动。盛宴会在冬初、冬中和冬末举行。第一个宴会是为了求神帮助以拥有一个没有饥荒的冬天，第二个是为即将播种的新作物创造良好的环境，第三个是为了庆祝这一年的冒险取得成功，其中包括任何可能发起的贸易或者探险。在其他场合也会举行宴会，但不一定会提前计划。举行宴会可能是为即将到来的困难时期祈求好运，或者是为了结束目前的困难。

宴会是一个相当务实的活动。动物们被献祭给神灵，然后被吃掉，杀戮和食用都是宗教活动的一部分。祭祀的方式通常是用斧头砍下野兽的头颅，这虽只需强有力的一击，却需要相当高的技巧和强大的力量，而且现场无疑是非常混乱的。从动物被割断的脖子上喷出的血液也是仪式的一部分，血液被用来染红神像和用于宣誓的臂环，也可能被用来解读征兆、预测未来，与参与者死去的祖先建立一种象征性的联系，也可能被用来避免不幸。

为了纪念诸神和逝去的朋友，人们会饮用大量的麦芽酒。死亡很久后仍能在宴会上被提及是战士或探险家希望赢得的名声的一部分。若一家之主既是宴会主人，又在某种程度上是一位牧师，他就要举起麦芽酒为客人送上祝福。

神庙及圣地

维京传奇里还有不少关于大型神庙的令人印象深刻的故事，但这方面的考古证据却很少。大多数宗教仪式可能是在家里或户外举行，在人们认为是吉祥或者神圣的地点举行。其中一个地方就是黑海中的一个岛屿，在那里人们感谢神灵让他们平安地沿着第聂伯河航行，这一行为已然成为传统。

可能与世界之树的宗教概念相联系，许多圣地都与树有关。其他地点还有瀑布和特殊的石头或者巨石。这些地点并非都是圣地，有些地点与陆地精灵或兰德维特（Landvaettir）有关。这些神灵会保护那些崇拜他们的人，并以丰富的猎物或丰收的农产品的形式提供自然的馈赠。然而，他们可能也会被冒犯。值得注意的是，发生过臭名昭著的流血事件的地区可能会被遗弃，因为它的陆地精灵会生气和报复。

　　神像也用于礼拜。有些是神灵的雕像，有些则更抽象，如雕刻的标记。伊本·法德兰记载了大量关于他与维京商人交往的事情。他描述说，他们向一尊刻着人脸的、高大的木雕（可能是神像）献上祭品，寻求帮助，其中包括帮助他们与当地那些不

右图　一块 8 世纪的墓碑，描绘了神话场景和部分传奇。对于维京人来说，死者的安置是一个重要的问题，不安的死者可能会回来找活人麻烦，并会在"诸神的黄昏"战争中壮大敌人的队伍。

愿讨价还价的富裕商人交往。

虽然维京人把他们的神视为朋友和亲戚，并且很喜欢在神灵没能提供有利的环境时诅咒、辱骂他们，但个人在神像面前或在圣地跪拜的情况并不少见。在这种情况下，人们会祈求神灵对他们仁慈、慷慨些。维京宗教的形象和他们与神灵的关系非常吻合——高度尊重神灵，以至于在有要求时卑躬屈膝是可以接受的，但如果神灵不给的话，人们也是会生气的。

人们用各种方式与神秘世界互动。预言家用诗歌来施展魔法和观察其他世界。在伟大的维京传奇诗歌《埃吉尔传奇》（*Egil's Saga*）中，埃吉尔创作了一首诗，旨在召唤土地神灵，帮助他向挪威国王"血斧"埃里克（Eric Bloodaxe）复仇。诅咒也可能用于同样的目的；在传奇的后半部分，埃吉尔再次试图让神灵帮助他对抗埃里克，这一次他竖起了一根刻有符文的杆子，作为对神灵的侮辱。他诅咒他们不能得到休息，不能返回家园，直到他们帮助他实现复仇。

诅咒也可用来转移不幸以及神灵或超自然生物的反感。冰岛的一些早期定居者担心会冒犯到兰德维特，于是会使用超自然的方式找到一个地方安家。第一个进入冰岛的定居者，英格尔夫·阿尔纳尔松（Ingolf Arnarson），把支撑他高座的柱子从船上扔了下去，并试图跟着它们冲

右图　英格尔夫·阿尔纳尔松的雕像，他是第一批在冰岛定居的维京人首领。他让众神来决定一个有利的着陆地点似乎是明智的；一千多年后，冰岛的首都仍然坐落在同一地点。

上海岸。然而他失败了，于是在和他的仆人们寻找柱子的时候临时建立了一个家。一找到那些柱子，英格尔夫就把他的家搬到了那个位置。虽然这不是最好的地方，但他觉得是神灵指引他来到这个地方，当地的神灵会对他的到来表示欢迎而不是反感。看起来他是对的——现代冰岛的首都雷克雅未克（Reykjavik），就一直坐落在这个地方。

老洛德蒙德（Lodmund the Old）就没那么幸运了。开始时，他没能像英格尔夫一样追随柱子建立一个家。过了一段时间，当他得知他的柱子是在遥远的冰岛境内被发现时，他立刻登上了船，而且走得很及时。就在他离开后，一场山体滑坡拆毁了他原来的家。

为了防止厄运跟随自己，洛德蒙德禁止任何人说出他的名字，而且基本上是躲着兰德维特，让他们找不到他。他诅咒他旧居的遗址，说从那里出发的船永远不会到达目的地。这大概是为了防止神灵们不喜欢他。洛德蒙德的新房子就建在他的柱子被冲上岸的地方，从那之后再没有发生过灾难。

右图　臂环是一种流行的装饰物品，象征着财富和地位。龙头似乎也是一个流行的形象，与维京人的船头联系在一起，但目前还没有发现留存下来的例子。

有柱子支撑的高位本身就是象征权力的地方。它是维京人一家之主坐的地方，两边各有一对木柱子。这些柱子上可能刻有神像，而现代学者对此知之甚少。宗教和政治权力交织在一起，一家之主除了是政治领袖外，还是精神上的权威。

圣地，不管是否有专门建造的神庙，都被认为是极其神圣的，带着武器进入其中就是对神灵的亵渎。在这样一个地方用武器进行谋杀是非常严重的罪行，因为这不仅违背了社会习俗和信任，也是对神灵的亵渎。凡在圣地行暴力之事的人都是罪犯。然而，这一禁令并不适用于其他宗教的圣地。

神庙和圣地对贸易和外交以及精神事务都很重要。法律规定每个圣地都要有一个银臂环，由当地酋长或戈迪（Godi）佩戴。戒指也会用到，用于各种原因的宣誓，尤其是用在正式的贸易谈判上。戈迪的职位介于牧师和贵族或首领之间，提供宗教和政治领导。他们负责引导人们崇拜神灵、任命官员和制定法律。

第三章
维京人的法律
和社会秩序

VIKING LAW AND SOCIAL ORDER

维京人经常被描绘成无法无天的野蛮人，他们活着只是为了屠杀他们的敌人（或者他们遇到的任何人），偷取他们能偷的任何东西。事实上，如果是这样他们就不会对附近地区以外的任何人构成威胁。

发动任何形式的远征都需要一个有组织的社会，更不用说在广阔的海域投入一支有效的军事力量。虽然维京社会在不同的地方和不同的时间有所不同，但它绝不是没有法律的。事实上，据说冰岛维京只有法律，没有国王。维京人的法律构成了冰岛法律的基础，并可能影响了整个斯堪的纳维亚半岛和所有挪威人定居地区的法律发展。

法律对于一个社会的长期生存是绝对必要的。在小范围内，社会习俗和有权势的个人命令可以满足需要，但随着人数的增加，就有必要拥有广为接受的法律和执行法律的手段了。如果没有这样一个体系的支持，社会就会在强者对弱者的掠夺中崩溃，陷入自私自利和暴力的纠缠中。

人们很容易把维京文化看成一种勇士文化。在这种文化中，强者的确在欺压弱者，但勇士需要社会的支持来养活自己，更重要的是，需要支持武装和装备自己的工业。如果一个铸剑匠要不断地抵挡他人对他财产的攻击，或者无法获得食物来维持生计，那么他就不能从事自己的行业。而如果没有熟练的剑匠，就没有武器可供勇士使用。

上页图　原来举行阿尔庭议会的地方如今是一个国家公园。正是在这里，冰岛人民聚集在一起，以民主和文明的方式制定法律来解决争端。

奉公守法的公民

把剑交到维京勇士手中的过程比较复杂，会受到法律的管理和制约。铸剑匠能够用他的劳动所得购买食物和衣服。农民可以出售他们剩余的食物以换取所需物资，包括铸剑匠的生产的工具，但是如果想让农民愿意用食物换取这些物品，这些物品就必须要有一定的价值。

法律会惩罚欺骗客户的商人，确保交易正常进行。否则，社会最终将崩溃，回到只能维持个人生存的水平。社会需要制定保护农民、商人和铸剑匠的法律，确保他们能够合理地、不受阻碍地开展自己的业务，从而保持社会结构的稳定性。

当然，那时没有警察，因此武装人员用法律赋予他们的剑来执行法律。法律提供了稳定，而稳定往往转化为繁荣。一个繁荣的社会可以拥有精良强大的武装力量，只要这种力量的使用方式不破坏社会结构，社会制度就会自我延续下去。法律会尽可能地帮助确保这种制度成为一种规范。

繁荣也使得探险和贸易的伟大远征成为可能，以及为财物而进行的抢劫，这赋予了维京人的名誉。大多数"战士"都不是全职士兵，他们大部分时间都在务农或从事其他非暴力行业。任何社会中只有一小部分人可以在对经济没有直接贡献的领域里工作，所以大多数维京人只有在有需要或者有经济问题的时候才拿起武器。

一次成功的抢劫或者一次成功的贸易探险可以比同一时期

下图　大多数维京人居住在类似于这个原址重建的小型农业社区（农场）。户主可能会因为一次抢劫或贸易远航而长时间不在家，但是之后他会回到他的农场继续干活。

耕种土地带来更多的财富，而且法律允许人们可以暂时离开农场，它将受到社会其他成员的保护，让户主能够腾出时间去进行探险。一个稳定的法治社会也确保了当他回来时，能够通过出售他的战利品获得收益来购买他所需要的东西。

在任何社会中，大多数法律的存在都是为了保护社会本身或个人免受损害。无论如何，足够多的针对个人的攻击会扰乱社会，因此保护个人及其财产的法律有利于维护整个社会秩序。同样，法律规定解决争端的方式，并迫使有关各方接受和遵守裁决，这也有利于维护社会稳定，防止社会动荡。

这样的法律对个人也是有益的。争端的解决可能对个人不利，但至少他不太可

左图　这把剑不仅是武器，也是身份的象征。尽管一个战士可能会被他的部落赠送一把剑，或者在一次袭击或复仇中赢得一把剑作为战利品，但只有最成功或最强大的人才能买得起剑。

下图　抵达冰岛的定居者走水路从海滨到达陆地。这张定居点的地图不仅反映了最佳土地的位置，也揭示了到达定居点所走的路线。

能被另一方谋杀。正在进行的争端可能会破坏当地的社会和经济活动，这将损害附近的整个社区。

维京人受益于一个实用的法律制度，这一制度需要个人有相当大的时间和精力投入。人们对冰岛的情况了解得比其他地方都多，但由于冰岛人是从斯堪的纳维亚半岛移民过来的，因此在那里存在类似的制度并非没有可能。许多法律是在名为"庭"（Things）的会议上制定的，这些会议通常每隔一年举行一次。

① 870年：英格尔夫的第一个冬天
② 870年：霍列夫被他的爱尔兰奴隶杀死
③ 871年：英格尔夫的第二个冬天
④ 871年，霍列夫的奴隶逃到韦斯特曼纳群岛，英格尔夫在那里找到了他们
⑤ 872年：英格尔夫的第三个冬天
⑥ 873年：英格尔夫建立永久定居点
⑦ 900年：第一届议会的举行地
⑧ 930年：在辛格维利尔建立阿尔庭议会

870—1263年，维京人定居于冰岛
● 定居点
● 第一届议会和阿尔庭议会的所在地
→ 9世纪60年代末的英格尔夫和霍列夫
→ 870年英格尔夫的路线
→ 870年霍列夫的路线
⇢ 霍列夫的奴隶们出逃路线
■ 草原地区

"一旦真相被证实，拒绝真相的人是没有借口的。"

阿尔庭议会

"庭"大多在地方和区域层面举行，在冰岛，阿尔庭议会（Althing）是一个全国性的活动。"庭"是一个重要的社交场合，也是在休战期举行的活动。阿尔庭议会被认为是一个神圣的地方，因此在那里携带武器是不被允许的，被认为是一种亵渎。法律在会议上被讨论和通过，如果可能的话，争端也会被解决。这些都是民主的活动，在这些活动中，所有符合某些条件的自由人（基本上身心健全）都被允许表达自己的想法，并对决定的内容有发言权。在冰岛，那里的定居者不希望有国王或其他统治者的存在，因此在阿尔庭议会上商定的法律就是该国的最高权威。

阿尔庭议会对所有自由人开放，尽管它主要是戈迪（酋长）之间的会议。在冰岛的四个主要地区中，每个地区都有九名戈迪，他们是那些效忠他们的人的代表和保护者。人们对一名戈迪的忠诚可以转移到另外一名戈迪的身上，而戈迪对他的支持者负有责任，所以他必须在必要时为他的支持者而战。

通常情况下，一个地区的戈迪会在春天举行会议，然后在夏天把更广泛的问题放在阿尔庭议会上讨论。每个戈迪都有两个或两个以上的顾问，如果戈迪卷入一场严重的争端，他们可能会带来大批武装人员保护戈迪或者使其免受其他的影响。在阿尔庭议会上，一位被任命的宣法官（Lawspeaker）要背诵三分之一的现行法律。他的任期一般为三年，在任期内，他必须学习所有的社会法律。

宣法官这一职位是带薪的，而更换宣法官既能确保没有人在这个职位上一直担任且长期利用他的影响力，同时也确保了法律体系不是由一个人掌管。如果现任宣法官发生了什么意外，人们希望以前的任职者能够重新上任。即使他们不再在议会上发言，他们也可以提醒当地戈迪注意某个法律。

尽管任何自由人都可以在议会上发言，但最终还是由戈迪和他们的顾问同意实施哪些法律以及如何实施这些法律。这个会议还可以在有需要时与外国签订协议，尽管这种情况很少见，因为冰岛地处偏远，访问者很少。大多数与外国人的互动都是在小规模和特殊情况下进行的，而且是由船上成群的维京人按照他们认为最好的方式进行。

法律纠纷

在议会上，由戈迪任命的 36 名法官组成的委员会会解决各种争端。他们在很多方面也是陪审团；对于一个案件的裁决，至少要有 30 名法官同意或不反对这个决定。后来对这一制度进行了修正，允许将陷入僵局的案件提交给新的法院，并以简单多数的原则做出裁决。

法律案件在一定程度上是以现代民事诉讼的方式提起的，不存在国家对个人诉讼的情况。因此，在处理犯罪行为时，就好像处理个人与其认为冤枉他的人之间的争端一样。然而，任何人都可以向法院提起诉讼，即使他没有参与其中。因此，即使受害方不愿或害怕提起诉讼，许多不公正的情况也会得到处理。在法律听证会上，证人不仅要宣誓保证他们所说的是真实的，而且还要同意遵守他们所参与的法律程序。每个参与的人都受到宣誓的约束，作伪证将会受到严厉的惩罚。法律上的程序问题，特别是在遵守誓言的正确程序下，有可能决定一个案件的胜诉或败诉，而不择手段的对手很容易利用这一点。

在一个传说中，被告被传唤到法庭为自己辩护，但他的道路被对手的追随者堵住了。他和手下强行通过，设法及时赶到。如果他们没有这样做，法庭就会判定他有罪，不是因为他有任何犯罪证据，而是因为他没有遵循正确的程序。

剥夺法益

法院可以判决有罪的一方将自己作为奴隶送给他所伤害的一方，也可以宣布剥夺被告的法律权益。这是一个非常严重的问题，尽管这不是一种惩罚，因为法院本身不会立即对有罪的一方采取行动。然而，剥夺法益却会将罪犯置于法律保护之外。任何想杀他的人可能会杀死他而不受惩罚，而且社会上的所有成员都被禁止为他提供庇护或支持。

在某些情况下，剥夺法益期限是三年，之后如果罪犯活了下来，他在社会中的地位会恢复如初。但他至少得有活下来的合理机会，比如有一些安全的地方可以休息。他被允许有三个安全的地方可以生活，只要他留在其中一个地方的弓箭射程范围内，就不会受到攻击。在这三个地方之间的道路上，他也很安全，尽管他不得不让路，以便让其他人通过，而不是进入他们长矛的攻击范围。

一个被完全剥夺法益的个体是没有这样的安全避难所的。他会被永远流放，财

产也被没收。这或多或少是一种死刑判决，因为被社会抛弃的人的生活将是非常艰难的。他在任何地方都不安全，有很多人为了提高自己的地位而杀死被剥夺法益的人。在某种程度上，逃犯也是一种法律认可的邀请，邀请受害者或他的家人和朋友向他们的敌人复仇。因此，被剥夺法益之人可能会被他的敌人积极追捕，同时也面临着环境的艰难和其他专门追捕被剥夺法益之人的猎手偶尔的攻击。

完全剥夺法益是一种严厉的刑罚，只会判给最严重的罪犯，比如谋杀亲族者。也许是因为家庭成员之间的信任传统，杀害亲属被认为是一种可怕的罪行。即使只是三年的时间，对于没有法律保护的人来说也是很漫长的时间，事实上许多被剥夺法益之人活不了多久。

许多法律纠纷并未判罚短期的剥夺法益，而是由有罪一方支付赔偿金。法律和习俗规定了各种罪行的赔偿标准，因

上图　阿尔庭议会既是一个重大的社会活动，又是一个法律和政府活动。冰岛各地人民的年度会议产生了一种共同的文化，没有一个区域是孤立发展的。

"说话注意，因为这些话以后可能会比现在显得更加草率。"

此一旦法院判定某人有罪，判决就自动生效。然而，判决没有关于收取这笔款项的正式规定，法院也不会强制执行这项规定。案件的胜诉者必须自己负责收取这笔款项。

不支付赔偿当然会成为新案件的理由，这可能会导致不同的处罚或再次产生拒绝支付的情况。但是，如果有罪的一方未能付款，其他人可能会看不起他，受害方将被视为有理由对他采取行动。这可能导致骚扰或暴力，以及长期持续的不和。

当然，法庭并不是解决争端的唯一途径。通常无论是否有第三方的仲裁，只要双方讨论问题并商定一个解决方案，就能达成和解。或者，其中一方可以简单地要求另一方规定解决方案的条款。这样做有各种各样的原因，不仅仅是因为

下图　艾因维吉决斗是一场公平的决斗，因为规则对每个人都是一样的——战斗人员可以使用他所拥有的任何武器和装甲。这就意味着装备更好的决斗者会有更大的优势。

其中一方无能为力。强制性解决方案几乎可以说是对名誉的挑战；一项严厉的决议可能会对一个希望被其社区视为慷慨的人造成不良影响，因此他可能会被迫在社会压力下保持公平。

激烈的恩怨

另一种解决争端的方式是战斗。暴力往往是争端的一部分，特别是在存在争执的情况下，但也可以用来迫使问题结束。除了受伤之外，斗殴甚至武装冲突可能不会产生任何可怕的后果，但可能会升级为长期不和。暴力也可能是简单的侮辱或争端升级的结果。

冰岛的传奇故事中提到了一些事件，比如人们带着怨恨去找他们对手的酋长。这使酋长们直接陷入冲突之中，那么本来的一件小事就会升级为武装力量之间的流血冲突。

仇杀在社会上是可以接受的，而且往往被认为是在受到侮辱后恢复名誉或者对犯罪行为进行报复的必要手段。它基本上是以敌对各方之间小规模宣战的形式进行的。对于谁可以参与争斗有现成的规则，这在一定程度上阻止了一个小事件扩大到包括争斗双方的每一个亲戚、朋友和邻居，以及他们可以说服的任何其他人来帮忙。

一场仇杀可能会酝酿很长时间，尤其是在势均力敌的情况下，双方需要谨慎对待彼此的攻击。如果没有明显的优势，暴力升级的风险就会很高。虽然维京人并不过分关心个人安全，但是战败的后果可能不仅仅是在战斗中死亡。

仇杀的特点是暴力行为，即使这些行为开始于一些微不足道的事情，比如受到侮辱。一旦争斗开始，涉及的各方的家人、朋友和支持者就成了被攻击的对象，可能也会遭到攻击或杀害。偷牛和偶尔对敌人使用暴力的袭击也是可能的。如果己方一名成员被一个长期不和的帮派杀害，那么为了维护名誉，至少有必要对对方的一名成员进行报复。

这种争斗可能会持续很长一段时间，尽管有法律规定谁可以参与其中（例如攻击妇女是完全不光彩的行为），但真正的危险是，最优秀的战士会在长期的争斗中被杀害。这些人通常也是富裕户主和部落的重要成员，因此仇杀可能会对社会造成损害。

决斗与复仇

　　防止不和发展的一个办法是决斗。维京人决斗的最初形式是艾因维吉（Einvigi）决斗。这是一场没有规则的直接战斗，决斗人员用他们所有的武器作战，没有任何裁判。在其他社会中，特别是在后来几个世纪的欧洲，有各种与决斗相关的武器细节规定，关于什么是允许的，什么是不允许的。维京人的决斗只是在事先安排好的时间碰面，并试图杀死对方。

　　值得注意的是，当维京人期待决斗时，可能会向神祈求力量或其他帮助，但决斗本身并没有宗教意义。这既不是法律上的决斗，也不是战斗审判；胜利者凭借自己的力量、计谋和武器技巧获胜。胜利只能证明他比对手更擅长战斗，并不能证明他得到了神的恩宠或者无罪证明。不过，决斗确实体面地解决了问题，并有望结束仇杀。

　　向决斗的胜利者复仇是被允许的。在仇杀中杀人通常会导致至少一次报复的尝试，但如果死亡发生在一场正式宣布的决斗中，情况就稍有不同了。当然，并不是所有的决斗都

下图　霍尔姆冈决斗比艾因维吉决斗更加公平，因为所使用的武器和装备是在战斗开始前商定好的。从理论上讲，霍尔姆冈决斗比艾因维吉决斗更具有生还机会，但是一个熟练的战士可以在比赛结束前给予对手致命一击。

"当有人说坏话时，它永远不会远离。"

会导致死亡，但在决斗人员死亡的情况下，他的亲属有权要求赔偿。如果死去的决斗人员家属准备接受，就可以收取抚恤金或者"血价"。

抚恤金是向死者的亲属支付的补偿金，接受了这笔钱就意味着结束了这件事。因此，这是一种防止因决斗而产生仇怨的有效方法，就像为决斗提供了一种替代方法，可以避免双方从激烈的言辞直接发展到试图屠杀对方的家庭。抚恤金也可以作为除杀人以外的其他罪行的补偿方式，由法律根据被害者的社会地位或财产损失来确定。关于金额的大小，没有任何协商，只需决定是否接受赔偿。

有人可能会热衷于将决斗作为通往瓦尔霍尔的门票，甚至可能随着年龄的增长到处寻衅滋事，希望从此避免死在床上的可怕命运。然而，这对社会有潜在的危害，为了减少死亡人数，挪威和冰岛引进了一种新型的决斗，这就是霍尔姆冈（Holmgang）决斗。

霍尔姆冈决斗要比艾因维吉决斗正式得多。决斗人员在一个用斗篷铺在地上的区域内比赛，不得撤退，也不得走出斗篷。每个人都会手持一把剑，这把剑可能是与决斗有关的特殊设计。决斗时可以带第二把剑，挂在手腕的皮绳上。每个战士都有一个相当轻薄的盾牌。一个护盾手拿着两个备用盾牌待命，当一个盾牌被摧毁的时候，他会把替换的那个递过去。

决斗人员轮流互相攻击，受到挑战的一方先动手。一旦盾牌损毁，就会使用另一个盾牌，直到用完为止。此后，他会用他的剑进行防御，这时如果决斗者带有第二件武器的话，那将非常有用。霍尔姆冈决斗至少在理论上是非致命的，当脚下的斗篷上流淌着鲜血时，决斗就停止了。那时伤得最重的人就是失败者。通常霍尔姆冈决斗会在一个约定的地点举行，许多部落都有固定的决斗场。当挑战被提出并被接受时，双方会协定输家要向赢家支付多少钱，以这笔钱就可以了结此事。然而，如果霍尔姆冈决斗的胜利者杀死了对手，他就能得到死者的全部财产。由于重伤会停止战斗，那么做到杀死对手这一点很难实现。决斗者必须在对手知道攻击马上到来的情况下，一击致命或造成致命伤。这种攻击需要一定的技巧或者说是运气。

决斗的变化

霍尔姆冈决斗确实发生了变化。在一些传说中，决斗者使用的武器不是剑，而是长矛和斧子。然而，这些故事并不一定是真的。后来的作家有时会混淆霍尔姆冈决斗和艾因维吉决斗，所以提到用斧头或矛决斗可能不是正式的霍尔姆冈决斗。即使使用传统的剑和盾，一定程度的欺诈也是可能的。盾牌对持有者来说不能用于进攻，但它可以为决斗者提供保护。一把嵌入盾牌中的剑可能会因盾牌的扭曲而弯曲，从而严重伤害使用者。为了应对这种情况，经验丰富的决斗者会尽可能快地破坏对手三个盾牌中的至少两个。这不仅使决斗人员丧失了最好的防御能力，而且也使他失去了护盾手的服务。因此，在决斗早期的攻击通常是为了直接打碎盾牌而不是造成伤害。预料到这一点的对手可能不会迅速地防御对手早期的预谋伤害。

与艾因维吉决斗不同的是，霍尔姆冈决斗中死亡并不是复仇的理由，而且死者的家人在这场被视为公平的决斗中不会得到任何补偿。当然，大多数决斗并没有以死亡结束，而是让参与者以一种有约束力的方式来解决他们的争端，这并不是巧合，其中也彰显了战士们的勇气和荣誉。

撤退或躲避攻击是不允许的，必须以真正的男子气概佩戴剑或盾。如果一个斗士的一只脚离开斗篷，就会有人喊"他退缩了"或"他后退了"，这表明他有点懦弱，如果他不想被嘲笑，就需要向前站。双脚离开斗篷是被嘲笑的理由，因为这是逃离战斗——维京人宁可挨打也不愿被看成是懦夫。反之，猛烈的进攻和向前逼迫对手后退则会赢得赞誉和声誉。在这样一场决斗中，与所赢得的声誉相比，受伤和输家必须向胜利者支付的费用往往被视为微不足道的代价。

霍尔姆冈决斗被载入了

右图　这块符文石描绘了两个战士正在进行一场可能是艾因维吉的决斗，但没有迹象表明他们为什么而战。

法律，随着时间的推移，它成为一个具有宗教意义的活动。决斗场地通常位于圣林或其他圣地，决斗伴随着祭祀和仪式，以抵御任何可能影响决斗的不公平外来因素。比如，狂暴战士可以施展咒语钝化对手的剑，而防止这种欺骗的保护被纳入了决斗的程序。因此，霍尔姆冈决斗的法律地位得到了宗教习俗的加强，其程序具有社会和精神层面的双重意义。

法律的限制

如同维京人的法律的许多其他方面一样，决斗的正式化有助于保护社会免遭无法无天和毫无意义的暴力。世仇、劫掠等都是可以接受的，但如果没有限制，社会就会面临崩溃的危险。在一个偏爱血腥复仇的文化中，法律与其说是一种威慑，不如说是一种指导，告诉人们什么是可以接受的，什么是不可以接受的。

例如，盗窃是一种严重的罪行，被认为是非常不光彩的，以至于法庭可以判处小偷成为受害者的奴隶。但如果袭击是以常规抢劫的形式进行的，那么袭击一个人的家、杀死他并夺走他的财产是可以接受的。这在某种程度上是因为抢劫被视为一种战斗挑战，胜利者可以获得战利品。遭抢劫的目标有正当、合理的保护自己和他的财产的权利，如果他没有守护住这些，那就是他的错，而不是抢劫者的错。

在埃吉尔的传说中，有人抓获了一群抢劫者，但他们在审判过程中成功逃脱了，并带走了战利品。在回船的路上，抢劫者认为他们的行为不光彩，因为这些战利品是他们偷走的，而不是在战斗中赢得的。很自然地，他们又回去攻击他们的目标，杀死防御者，烧毁了他们的家园。然后，他们的荣誉感得到了满足，如此拿走的货物才可以被认为是公平的战利品。

这些抢劫者认为只要先杀了人就可以掠夺，但是夺走财产而留下活口是不被社会接受的，对于现代研究者来说这可能看起来很奇怪。然而，在他们的文化中，偷窃和强取豪夺之间的区别是至关重要的。值得注意的是，大多数维京神灵都是令人尊敬的战士，而宇宙中最大的恶棍是骗子和小偷。

在法律和社会习俗上，伤害妇女也是不可接受的。在一个传说中，一个首领命令他手下的男人们杀死一个女人，但遭到了拒绝，因为这会使男人蒙羞。荣耀和名誉的概念是维京社会的核心，并且毫无疑问地成为法律的核心。当有些人心中正直品行的道德感没有阻挡住自己做出某些不良行为的时候，他们会发现自己面临着秉持公义准则的法律的强制执行。

上图   一个关于维京人日常生活的迷人视角。现代研究者常常惊讶于维京社会的发展程度，惊讶于他们缝补衣服、准备食物和做其他家务的先进技艺。

　　妇女受到习俗和法律的保护，但也受到其约束。妇女不得穿男人的衣服，不得携带武器，不得剪短头发。法律明确规定，妇女是非战斗人员，必须让她们单独留下，她们没有参加战斗的机会，也不可以靠近战场，以免因在激烈的战斗中被误认为是男人而被杀伤。

　　在一次袭击中妇女可能被强奸、杀害或被当作奴隶，保护妇女的法律统一适用于维京社会中的人，而那些在维京社会之外的人可能要碰碰运气。因此，当强奸和谋杀是针对其他族群的妇女时，是可以接受的，但如果维京人的住所在本地的争斗中被烧毁，妇女和儿童被允许逃跑。

下图　虽然在维京社会中攻击妇女是不被接受的，但在袭击外国人时规则是不同的。同样，盗窃财产是可耻的，但如果一个人有机会反击，为了维护他的财物杀人则被认为是公平的。

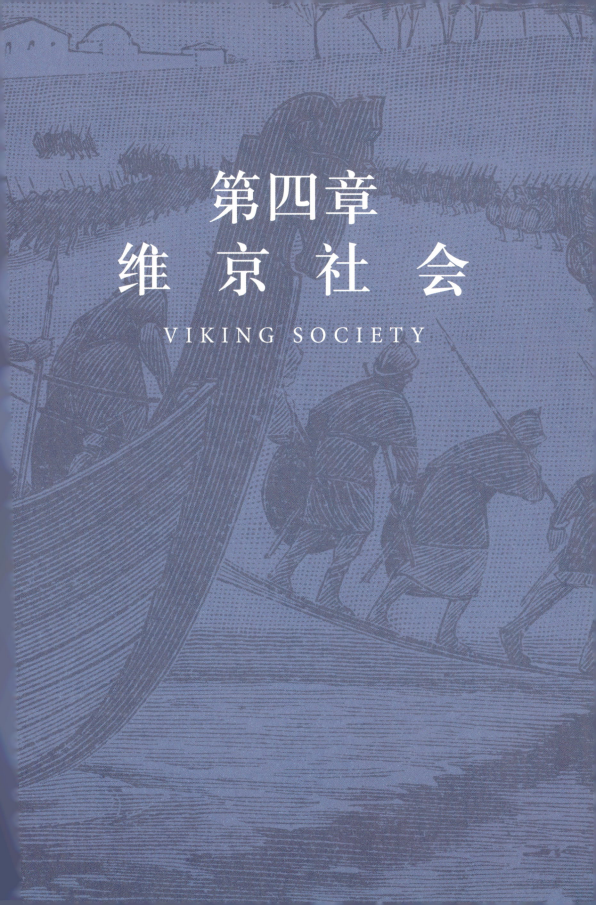

第四章
维 京 社 会

VIKING SOCIETY

社会流动性在维京社会比在许多其他文化中要普遍得多。基本上有三个群体，大多数人属于卡尔（Karls）阶层。这些人都是自由人，他们拥有一些财产或一些有用的技能。

卡尔包括农民、地主、商人和工匠（如铁匠、木匠和造船工人）。一个卡尔阶层的人可以立志通过变得富有和强大而跻身统治阶层雅尔（Jarls）。

在卡尔阶层内部，存在着一些松散的社会分化。一般来说，土地所有者和富裕的商人是阶层中最受尊敬的，而佃农和工匠则稍逊一筹。渔民、农民和其他受雇于他人的劳动者的地位相对较低，但仍然高于被释放的奴隶和流浪者。

流浪者是自由人，但是和卡尔阶层的其他人不同，他们没有受到法律的充分保护。事实上，在冰岛抢劫甚至阉割流浪者都是合法的。这在一定程度上反映了冰岛维京社会问责制的重要性。要成为一个合格的社会成员，个人必须负起责任，这意味着他必须有一个永久的住所，以便阿尔庭的传票可以传交给他。这是使他服从法律的必要条件，因此一个无家可归的人的法律地位相当可疑，唯一比流浪者受到更少法律保护的人是那些被剥夺法益之人。

金钱和财产并不是成为雅尔的唯一条件，社会地位也是必要的——这不是仅仅靠拥有财富就能保证的。雅尔要赢得支持者的尊敬和忠诚，但这在很大程度上是双向的。人们期望他保护人民的利益，必要时带领他们参加战斗，在很大程度上是他们荣誉的守护者。一个公正而慷慨的雅尔，一个被视为维护其追随者利益的雅尔，将持续受到欢迎，甚至有可能掌权。一个自私自利或对他人漠不关心的雅尔往往可能会发现他的追随者转头去效忠其他人了。

国王、诗人和奴隶

贵族阶级中最有权势的成员是国王，尽管在维京时代的早期，他们往往是一个相当小的地区的统治者。后来，出现了许多大王国，但在维京人第一次入侵欧洲其他地区时，那里有许多小王国，其中没有一个是非常强大的。维京人没有神圣统治权这样的概念，他们认为他们的雅尔和国王只不过是一些富裕、强大和有价值的人。神圣的恩惠可能会帮助一个人达到这样的地位，但他是以人的身份统治的，而不是神的代表。在冰岛，情况有所不同，那里没有国王，实际上也没有雅尔，但是

"不要太信任别人，否则你会更不信任自己。许多人不值得信任。"

戈迪履行了与后者相似的职能，尽管他们属于卡尔阶层。冰岛维京人不想要他们自己的国王，但是他们显然不反对别人拥有——冰岛战士可以在斯堪的纳维亚国王们身边担任私人随从。他们的冒险经历和在这些职位上赢得的尊敬，有助于他们回国后提高地位，但这也是因为他们自己获得了成就，而不是因为与国王有关系。

诗人虽然不是很富有，也不是很有权势，但也是雅尔阶层的一部分。在那个没有什么文字记载的年代，他们是历史的守护者，既能够给贵族们提供建议，也能够激励振奋人心。诗人因自己所拥有的知识和能够做的事情而受到高度尊重。

多才的诗人可以用他的故事迷住听众，让人们想起那些朦胧的事实和历史，讲述英雄、神和祖先的故事让他们对自己所属的社会群体感到满意。

任何一个卡尔或雅尔，如果所处环境不好，都有可能沉入下层社会。这群人被

右图 罗里克的浪漫画像，他在弗里斯兰建立了一个王国。有可能他选择的武器是一根带刺的棍棒，但更有可能的是后人为了将他描绘成一个高贵的野蛮人而这样设计的。

称为萨尔（Thralls），他们是奴隶和债务奴隶。奴隶通常是在抢劫中被俘获的，也可能是被交易而来的，而债务奴隶则是那些无力偿还债务的人，他们不得不为债权人工作，直到他们偿还完债务为止。

在某些方面，奴隶实际上比流浪者得到了更多的法律保护。这可能既反映了他们更大的经济重要性，也反映了奴隶主对其奴隶行为负有适当责任的事实，因此对奴隶执法要比对一个可能只是流浪到不同地区的人更复杂。

奴隶被允许结婚和保护他们的家庭，可以对那些占他们妻子或女儿便宜的人进行报复，他们也可以拥有财产。如果一个奴隶设法积累了足够的财富，他就可以赎回自由身，虽然这只能使他成为一个地位非常低的卡尔。如果奴隶没有继承人，他的遗产就归他的主人所有。

奴隶通常被安排从事艰苦的体力劳动，尤其是在农场，这对经济发展很重要，因为他们被迫在几乎没有成本的情况下从事非常艰苦的工作。在许多地区，他们做的工作和雇佣的农场工人一样，但是他们的工作条件更差。条件非常恶劣，或者当奴隶们受到了严重的虐待时，他们就会反抗。为了避免这种情况发生，人们认为虽然可以从他们的廉价劳动力中获得经济利益，但拥有太多的奴隶是不明智的。

上图　竖琴是诗人的传统乐器，诗人在维京社会的上层阶级享有很高的地位。他们不是统治者，却是国王和其他雅尔可以求助的知识宝库。

大家庭

　　类似贸易城镇这样的大型定居点在维京时代并不常见，大多数人都住在农场的大家庭里。大家庭的核心是几对已婚夫妇和他们的孩子。通常情况下，这些夫妇中的大多数（如果不是全部的话），都有一个成员与社区中的一个或多个其他成年人有关系。除了这些夫妻之外还有奴隶，他们也可能组建了家庭。

　　长辈会教育孩子们学习成年后所需要的技能。有时，男孩会被送到某一领域的专家那里生活，这样他们就可以学到高水平的技能。有时儿童也会因各种原因而被寄养，父母一方或双方的死亡是一个明显的原因。而来自一个大家庭的孩子可能会去和一对孩子夭折的夫妇生活。这种情况并不少见——在那个时代，儿童死亡率约为 50%。

　　社会地位较高的家庭里的孩子有时也被寄养在社会地位较低的家庭，这通常是为了经济帮助。这种安排在没有其他亲属关系的人之间创造了一种亲属关系，有助于扶持社会地位较低的家庭。

下图 设得兰群岛贾尔索夫的维京人定居点是建立在石器时代早期定居点的遗址上的。贾尔索夫的发现使其成为不列颠群岛重要的挪威考古遗址之一。

寄养也挽救了一些无法得到父母关爱和支持的孩子，但有些孩子会被拒绝。这通常是由于身体畸形或明显的虚弱，但有时无法养活孩子的父母别无选择，他们只能把孩子送出去，让其他人养育。

当父亲给孩子取名字、往孩子身上洒水，母亲给孩子喂奶时，孩子就被父母接纳了。一旦这样做，婴儿就成为社会的一员，受到了法律的保护。被养父母接纳的孩子会受到社会其他人对其家庭成员关系的承认，并享有继承权。

人们期望儿童可以参与劳作，通常认为他们可以免于暴力，并允许他们在战斗或袭击中逃离，不受伤害。然而，对"孩子"的定义有所不同。在冰岛，12岁的男孩被认为是男人，因为他可以在法庭上担任法官，而女孩在这个年龄就可以结婚了。

上图　这个骨灰盒盖描绘了生育神灵的婚姻，表明维京人将生与死视为同一基本循环的一部分。"诸神的黄昏"之后的新世界概念就是这种信念的另一个例子。

结婚与离婚

婚姻和家庭结构对维京人极为重要。男女角色界定明确，并且一个人很难应付日常生活的需要。因此，如果一个伴侣死了，另外一方通常很快就会再婚。婚姻本身被视为类似于商业交易的行为，而且往往是家庭之间的安排。事实上，法律禁止男性创作赞美女性的诗歌，而且一般都不鼓励求爱。

试图维持一段美满的婚姻是一件困难的事情。如果这件事处理不当，准新娘的家人可能会觉得受到轻视，从而导致争吵；被拒绝的求婚可能会被视为对准新郎的严重侮辱。求婚也可能导致其他方面的后果：在冰岛的一个传说中，一位父亲得知他的女儿收到了追求者的赞美诗，于是派出刺客去追杀求婚者。

如果未来的新郎没有自杀或者与新娘家族发生血海深仇，这对新人就会订婚。这基本上是一个具有约束力的婚姻承诺，通常是这对未来夫妇的父亲之间的承诺。如果其中一个或者两个父亲都死了，则由其他代表继任。订婚采取商业安排的形式，新郎的父亲在订婚时提供彩礼，新娘的父亲在结婚时支付嫁妆。婚姻的安排可以不征求新娘或新郎的意见，尽管这可能会带来麻烦。冰岛传奇中多次提到新娘对安排不满意而拒绝结婚的情况，当然这可能只是为了写好故事。很可能大多数未来的夫妻都接受了这种安排，并尽力做到最好，或者让彼此痛苦了许多年。然而，安排一个可以让双方都接受的婚姻符合每个人的利益，因此在许多情况下可能需要一定程度的协商。

婚礼本身就是一个相当重要的场合，盛宴和庆祝活动可能会持续几天。另一方面，离婚可能是一件相当快速和容易的事情。夫妻任何一方都可以在证人面前宣布离婚。然而，还有其他复杂的问题。双方都有权获得一半的共同财富，而决定谁应该得到什么可能跟今天一样艰难，再加上愤怒的亲戚会威胁要血债血偿等。

在一位女性结婚之前，她会受其父亲的监护，在结婚之后，她的丈夫成为她的保护者。妇女不得作为证人或法官出庭，也不得在法庭上发言。当然，她们可以对家里的男性成员加以影响，这些男性成员会代表她们发言，并以微妙的方式掌握权力。总的来说，女人负责家里的一切，男人负责家外的一切。但是男人不得不住在那所房子里，因此他在家里所有的时间都会受到妻子的影响。

如果离婚被裁定为男方的过错，那么彩礼和嫁妆都归女方家庭所有，女方还能得到一半的财产。宣布离婚的威胁可

下图　这幅描绘维京人盛宴的场景发生在典型的古代环境中，而不是更典型的长屋中。后来的艺术家试图重新想象维京人的形象，以符合当时流行的希腊和罗马概念。

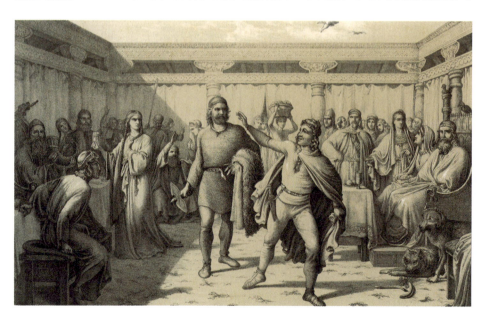

能是强有力的，即使没有这样极端的措施，妇女也可以在大部分时间里控制自己的家庭。虽然妇女不被允许参加袭击或贸易探险，但她们可以处理家庭的财务，而且对她的伴侣来说这往往是不可或缺的能力。寡妇将继承她丈夫的财产，如果她决定不再婚，她可能会凭借自己拥有的财产成为重要的地主。

在自由人之间更普遍的交往中，维京人是公平、诚实和慷慨的——但不会太过慷慨。奥丁的格言中有这样几句：

没有必要给一个人太多，一点点就能买到很多感谢；用半块面包和一个倾斜的罐子，我就经常能为自己赢得一个朋友；做你朋友的朋友，用礼物匹配礼物，用微笑迎接微笑，用伪装来撒谎。

左图 在维京社会，性别角色被严格定义，男人是行动者，女人是推动者，男人负责养家糊口，女人负责衣食住行、打理家务。这种伙伴关系创造了优势互补，就像代表着生育和战争的两组神灵一样。

"复仇拖得越久，就越令人满意。"

雅尔和国王经常将赠送礼物作为奖励追随者的一种制度。一个英勇无畏或忠心耿耿地为他的君主服务的人，可以得到礼物作为回报。传说和维京历史记载了各种各样的例子，领袖为表彰手下的良好服务而赠送礼物，或者为能够完成困难任务的人提供奖励。

在这些事件中，没有任何谈判过程，领袖说他会奖励完成任务的人，他的部下就相信他会言出必行。如果雅尔或国王不能对他的追随者适当地慷慨解囊，他就会发现自己得不到支持，而且在许多人看来，他也得不到任何荣誉。

这只不过是一个人在与他人打交道时应该保持公平和诚实想法的延伸。在维京时代，忠诚是双向的——一个向雅尔效忠的卡尔有权要求回报，如果不能坚持这一心照不宣却非常真实的交易，可能会产生致命的后果。毕竟在那个时代，血腥报复是正义的首选形式，轻微的冒犯就可能导致严重的血仇。

服饰

即使是那些参加了使维京人出名的袭击和探险航行的人，他们也不是全职战士。他们中的大多数是地主或农民，他们一年中的大部分时间都在经营自己的庄园或者制作手工艺品。一个从幼年幸存下来的维京人可能会活到 40 岁左右，只有一小部分人活过 60 岁，不过有记录显示，有些人活到了 80 岁或以上。

在寒冷和恶劣的环境中能够长期生存下来的一个条件是合适的衣服。维京人穿的服装风格在不同时期和不同地区之间略有不同，但与北欧日耳曼血统的野蛮人的风格大致相似。这并不令人感到奇怪，因为这些人都使用相似的材料，并试图满足同样的基本需求，比如保暖和耐用。

维京人制衣的过程相当复杂，先在织布机上织布，然后裁制衣服所需的部分。动物毛皮之类的产品只要有可能就会被使用。服装往往是由许多块布巧妙地缝在一起。这一过程虽比较复杂，但产生的废料很少。结果就是一个人们熟悉并且相当准确的形象——男人们穿着长裤和长上衣，披着羊毛斗篷，可能还戴着帽子，穿着皮鞋。这种搭配再加上地区差异，能满足欧洲和西亚大部分地区的"野蛮"民族的需求。

"一个人往往会在困境中变得勇敢，
而他在其他大多数时候是不勇敢的。"

维京人的服装很少使用像口袋或者拉链这样复杂的部件，也很少使用紧固件，拉绳、别针和个别的纽扣足以让一切保持在原位。即便在大自然中不方便，但它确实使制作衣服变得简单，而且还提高了耐穿性。维京人的衣服必须合身，但仍然可以自由行动；紧身衣被认为是时髦着装者做作的表现。使用过多的布料是另一种做作的表现，但这一点可能不是什么过错。富人的外衣会比正常的衣服要长，一直长到膝盖，而穷困的人则可能穿着一件只长至大腿中部的外衣。

有证据表明，在维京时期早期，男人不穿内衣，但在后来的故事中英雄们因为各种原因穿着内衣四处奔跑的事件也层出不穷。在一些故事中睡衣绝对没有出现，但在另一些故事中睡衣却出现了。这可能只是个人的偏好，或者穿衣风格随着时间的推移而发生了改变。

当维京人穿内裤时候，很可能穿的是用拉绳固定的齐膝的裤子。它们通常是由羊毛制成的，但对于富裕的维京人来说亚麻布更好，因为它更舒适。人们还会穿汗衫或内衣，这些衣服有时是由亚麻布制成的，许多没有长裤的维京人会使用袜子来裹腿。

如前所述，维京人裤子的设计变化很大。有些设计脚罩，有些则没有；有的用抽绳固定，有的用皮带环，甚至两者都有；还有一些人的脚下有带子，以防裤腿被拉上来。小腿的额外保护是通过在腿上缠绕布条，从膝盖螺旋下降缠到脚部。这在冰岛和北欧西部地区是不常见的，但在更远的东部，这种形式的腿部保护方法有时也被用到。

左图　维京人服装外观简单，巧妙地使用了尽可能少的材料。除了一颗纽扣、一两个别针、一条皮带，几乎没有什么扣件。

维京人的腰带相当窄，但有几个用途。除了用来收紧裤子，还被用来携带袋子和其他小物件，比如一把刀。由于维京人的衣服没有口袋，腰带上的小袋子是为数不多的可以携带物品的装置之一，还不会妨碍工作或战斗。

上身的主要服装是一件长袖束腰外衣，从头上穿下，有时在脖子处用一颗纽扣固定住。这是由羊毛制成的，主人的财富地位不同，装饰程度也不同。人们会穿一件斗篷来保暖，并用别针固定住。

帽子通常是由三角形布料简单做成的。其他设计的帽子包括带或不带耳盖的毛皮帽，以及一种被称为"霍特尔"（hottr）的帽子，这种帽子有斗篷，可以遮住肩膀以挡雨雪。

鞋子通常很高，可以遮住脚踝，但又不是靴子。它们会被鞋带或纽扣固定，并不总是很牢固。传说中的维京英雄偶尔会在战斗中丢失鞋子——奥格蒙德（Ogmund）一度在雪中失去了一双鞋，但幸运的是，在他解决问题时有一个忠诚的朋友保护了他。

妇女们会穿一件长及地面、用胸针固定在脖子上的里衣，或者是一件宽大的外衣，或者是一件围裙，用带子系在肩膀上。她们还穿斗篷保暖，头巾也很常见，各种各样的帽子都有，鞋子和男人穿的一样。

长屋

维京人在这片环境恶劣的土地上生存的另一个必要条件是温暖而坚实的居住环

右图　长屋是先围着一个木框建造好框架，然后在这个框架上建造木墙或泥墙。有些房子用铁条来支撑和加固框架。屋顶的重量落在屋内的柱子上，而不是墙上。

境。典型的维京人住宅是一间供大家庭居住的长屋。一个农庄可能有一间或两间长屋。在早期的维京时代，长屋是唯一的建筑物，并提供所有的功能——生活、储存和手艺工作。但在后来的时代，它成为功能更具体的建筑物，比如作坊或者储藏室。

建筑物是用各种材料建造的，包括石头、木材、草皮、荆条和胶泥。在某些情况下，木墙用铁条支撑。许多建筑的墙壁在长轴的中心向外弯曲，创造了更广阔的中央空间。这在许多较大的建筑物中不太明显，因为那里的整个空间足够大，可以尽情使用。两排柱子上的横梁支撑着屋顶，确保墙壁不会因为屋顶的重量而向外推，并有助于提高长屋的结构完整性。

内部细分为几个房间，屋顶支架之间的中心空间作为走廊，同时也是大多数长屋容易发生火灾的位置。火堆放在一个深坑里，偶尔也会放在一个石头壁炉里。后者也可能会有一个用作烤箱的空间。长屋里很少装有窗户。

烟囱让更多的光线进入建筑物，也让烟雾逸出。但它们

下图　大多数长屋在白天光线充足，光线从烟囱和开着的门透进来。晚上，炉火和几盏油灯提供了足够的照明。窗户很少见，但仍有一些关于长屋窗户的记载。

上图 兰塞奥兹牧草地的长屋和外屋体现了维京建筑的特征——低矮、坚固、实用。重建者发现长屋是一个温暖、舒适的居住场所。

也可以让冷风进入建筑物，所以必须在足够的通风和保暖之间取得良好的平衡。烟囱的位置是一个重要的问题；孔洞位置不当的长屋，生火时就会冒出浓烟，即使在最好的情况下，待在里面也不会舒服。

在一些传说中，有人提到将带阁楼的长屋作为卧室，一些幸存下来的建筑物似乎也有这样的长屋。然而，这样的安排可能会带来世界上最糟糕的结果——尚未从建筑中逸出的烟雾会让人感到不舒服，而且由于冷风从烟囱进入可能会使内部变得寒冷。

在白天温暖的天气里，长屋的门可以敞开着让光线进来。门是用木头做的，上面装有金属或木制的铰链。有些长屋的门可以上锁，但很可能不会经常上锁。长屋如果没有被废弃的话，是不会空着的——白天总会有人进进出出，或者在里面干活，晚上长屋就成了全家人的卧室。如果入侵者有勇气、有能力攻占一栋满是维京人的房子，并能抵挡愤怒的维京人的报复，那么即使是最坚固的安全门也不可能阻止他们。

长屋里的家具相当简陋。但一家之主通常有一个床头柜和一把高背椅来凸显他的地位，而其他人则使用属于房屋一部分的长板凳。这些长板凳和长屋一样长，是用木头或覆有木头的泥土制作而成，这为工作和吃饭提供了座位，并在晚上为家庭提供床位。

并不是所有的家庭都有桌子。那些使用支架设计的桌子可以在不使用的时候存放起来。它们可能被挂在屋顶的横梁上，以防止挡道，或者干脆被放在一边。房主的贵重物品常常放在一个箱子里，箱子可能用铁加固并配一把结实的锁。其他箱子可以用来储存较小的物品，也可以在其他时候作为临时椅子。有凳子的人可以使用凳子，偶尔也可以使用椅子，但大多数家庭成员都凑合着用长凳。

外部建筑结构一般比较简单，地面通常是凹陷的，这使得施工变得更加容易，因为较低的墙壁使建筑物可以更加快速建造而成。它们被用作储藏室和工作区，还可能被用来安置不允许住在长屋的奴隶和债务奴隶。

农场

农场里的生活条件很艰苦，但还是比其他地方要好。贸易城镇是不太宜居的地方，卫生条件差，人口密度大于正常水平。疾病在城镇比在农场更常见，农场大多

数人虽在寒冷的条件下进行户外工作，但可能吃得相当好，这有助于身体健康。这些人平时的膳食取决于他们的地理位置，包括谷类作物和蔬菜，以及乳制品、肉类和鱼类。

农场上最重要的动物是牛，以至于维京人会用同一个词来形容牛和钱——财富通常是以牛群的大小来衡量的。畜养牛的做法与今天的做法有些相似：大多数公牛会在秋

左图　维京人喜欢各种各样的饮食，并用各种方法准备大量的肉食。炖肉和面包是常见的膳食，而且通过使用各种调味品来保持其风味。

右图　勺子和撇奶器是维
京人厨房里的常用工具。
厨房有各种各样复杂的用
具，其中许多用的是非金
属材料，而这些材料价格
便宜得多。

天被宰杀作为食物或给神灵的祭品，只有一小部分用于繁殖。繁荣时期人们通常吃
牛肉，但是寒冬季节牛群的数量会严重下降。在饲料短缺的地方，人们更喜欢奶牛，
因为它们即使在冬季也可以躲在室内。人们也会养绵羊，以获得它们的羊毛、肉和
奶，而且像大多数的牛羊一样，绵羊通常可以随意地四处游荡和吃草。在初冬时节，
即使它们不在室内被圈起来，也会被召集起来带到靠近围栏的地方。

　　许多农场也有山羊和猪，尽管后者对冰岛定居者来说是个大麻烦，以至于通过
法律来试图限制野猪造成的损失。人们也会食用马肉，至少在基督教传入维京世界
之前是如此，马和牛也会被用来当作运输和牵引工具，瑞典人的马特别好。在维京
时代开始之前，许多战士会骑马参加战斗。徒步作战的方式后来变得普遍，但这并
没有阻止一些战士骑马到战场。

狩猎和饮食

　　肉类来自农场动物，同时人们也会捕猎获得，而鱼则会用线和网捕获。一些社区居民用鲸鱼肉来补充他们的能量，尽管这可能更像是投机取巧而非蓄意为之。有人认为维京人的船只试图把鲸鱼赶上岸，但更有可能的是，任何搁浅的鲸鱼因为其他原因到达了那里，然后被他们宰杀用来作为食物。烧烤动物可能只发生在宴会上。也许是在初冬的时候，为了确保剩下的食物充足，人们会宰杀许多动物进行保存。常见的做法是把食物放在大锅里炖或煮。炖肉的优点是它们几乎可以被充分利用，这样的话就能够用完所有可用的东西。炖菜也可以养活一定数量的人，特别是在有

左图　一种常见的保存鱼类的方法是利用寒冷和干燥的空气风干。另外一种方法是将肉或鱼挂在火坑上方的屋顶梁上熏制。

足够的面包作为配菜的情况下，因此对于维京人来说，炖菜比特制的一餐更适合日常饮食。

日常饮食通常是一碗炖肉和面包，只有在宴会上才能吃到一头烤牛。面包是未发酵的，可能是专门为每顿饭准备的，通常一天有两顿。饭菜在上午十点左右和晚上供应，通常是全家人一起吃。大多数家庭都有支架桌，不用的时候可以挂起来，还有长凳，供全家人坐着吃饭。

虽然有时候食物供应会短缺，每个人都不得不凑合着吃，但大多数情况下，维京人的菜肴相当丰富。维京人有各种香料和调味品，尽管唯一已知的甜味剂是蜂蜜。炖肉是放在碗里用勺子吃的，更多的固体食物被放在木制的盘子里。每个人配有一把刀，这是一种通用的工具，也是一种餐具，大多数餐食都需要它。

众所周知，维京人都会喝蜂蜜酒，但麦芽酒更为常见。人们会酿造啤酒和蜂蜜酒，但成人和儿童的日常饮料都是麦芽酒。这可能会让维京人看起来像一群大喊大叫的醉汉，但出于健康原因，其实啤酒中的酒精含量并不高。即使在远离拥挤商业城镇的农村环境中，水也并不都是能够安全饮用的。人类和动物的排泄物可能会进入任何一口井或溪流中，而且污染物可能会在储存过程中被带走。麦芽酒中的酒精会像加热烹饪用水一样杀死细菌，这使得麦芽酒比水更安全。

食物通常通过烟熏或者让寒冷干燥的空气将肉和鱼风干来保存，这样人们在冬天的几个月里都可以不用去市场购买，还可以通过狩猎、捕鱼和偶尔宰杀农场动物来增加食物储备。几乎没有证据表明，维京人吃不饱或者营养不良，所以至少在大部分时间里，他们一年到头都有充足的食物供应。

右图　虽然也有更实用的容器，但饮水有时还是会使用角。角可能用于庆典或节日场合；《埃达经》（Eddas）和传说提到过他们使用角饮水的场景。

疾病、卫生和美容

维京人对于那些生病的人，有各种各样的治疗方法。有些是基于魔法，但是人们也清楚地了解几种草药的治愈特性。接骨术是众所周知的，身体受伤可以用今天大家都熟悉的方法来治疗：绷带、夹板以及必须保持伤口清洁。烧灼术用于处理严重出血，有证据表明有些手术甚至能够偶尔取得成功。

那些受伤的人应该对自己的痛苦保持忍耐，不要大惊小怪。事实上，忍受伤痛被视为男子汉的气概，令人钦佩。比如在一个故事中，有一个脚部严重受伤的战士，他仍开玩笑说当两条腿一样长的时候，人就不会一瘸一拐地走路了。

有考古证据表明，一些战士在战斗中受到了极其严重的伤害后幸存了下来，他们的一些骨骼上有明显陈旧的、愈合的伤口。通过对战士进行基本的急救训练，战士在战斗中的存活率可能得到了提高。有记载称，双方领袖会呼吁暂时休战，让彼此的士兵先处理流血的伤口，然后再重新开战。

尽管维京人被描述为不会洗澡的野蛮人，但个人卫生在他们的文化中占据了很重要的一部分。考古发掘中会经常发现梳子，它们通常是用精美的动物牙齿和装饰手工制作而成的。传说中，虽然一个人的衣服、鞋子和马匹可能状况不佳，但当他出现在集会上时，一定会梳洗打扮。也有其他传说提到，人们在早上打扮自己就像吃东西一样正常。阿拉伯作家谈到维京人每天早上都会洗脸，身处如此神圣的海尔加费德山（Helgafjell）附近，人们不先洗脸就不能面朝大山的方向。

在有温泉的地方，人们会定期去洗澡，澡堂就是利用这些条件建造的。但即便在热水不是自然产生的地方，维京人也会将自己的身体清洗干净。有一些长屋有一个类似桑拿房的房间，有记录显示盎格鲁－撒克逊（Anglo-saxon）妇女更喜欢北欧男人，因为他们更爱干净。

冰岛法律列举了几种非常严重的罪行，如试图通过向某人身上扔泥土或将其推入泥中来羞辱他。这肯定不会发生在一群肮脏的野蛮人身上，并且还有额外的证据表明维京人非常重视个人卫生和他们的整体外表。

左图　梳子是生活中重要之物。冰岛法律规定，只要胡子和头发都梳理整齐，穿着破旧也被允许出席活动。

男人通常留着胡子，但是要保持整洁体面。剪头发和洗头发是一项由女性完成的任务，这可能具有某种仪式上的意义。传说中记录了英雄们在承担一项艰巨的任务之前都会理发和洗头的例子，在维格伦杜尔（Viglundur）的传说中，他向凯蒂里罗（Ketilrirour）承诺，在她活着时就不会允许其他任何人给他洗头理发，这表明一定程度的亲密关系有时与理发有关。

据说，挪威最后的国王哈拉尔德·费尔海尔（Harald Fairhair）曾发誓，在他获得对自己王国的控制权之前，不剪发不洗发。这项任务花了十年时间才完成，直到后来，哈拉尔德才获得了国王的荣誉。在这种情况下，是哈拉尔德的朋友朗格纳瓦德·斯坦斯森（Rognvald Eysteinsson）为他理发。朗格纳瓦德建立了奥克尼伯爵国，他可能是诺曼底（Normandy）第一位维京人领袖罗洛（Rollo）的父亲。他有权有势，在这种情况下，理发可能意味着信任、友谊以及地位显贵——朗格纳瓦德只有在哈拉尔德当上挪威国王后才能给他剪头发。无论在什么情况下，他都做得很好，哈拉尔德从此以其个人标准的打扮而闻名。

维京文字

除了爱干净，维京人普遍具有识字能力。

维京人使用一种北欧古字母，其中每个字符由直线组成。这使得将铭文雕刻在木头或石头上相对比较容易，而且信息通常会用符文棒来传递。蜡书写板也会被用到，这是练习或记短期笔记时，可重复使用的工具。

关于如何书写符文并没有必须遵守的规则。它们可以在任意方向上书写，行与行之间会交替书写，呈"之"字形。每个符文也可以代表几个不同的发音，所以符文

右图　符文由直线笔画组成，很容易雕刻或凿在石头或木头上。大多数维京人都可以阅读符文，并用符文棒互相传递信息。

"永远不要破坏善良和真诚的人在你和其他人之间建立的和平。"

的意义要根据上下文和周围的符文来构建。维京人的大部分历史和法律都是口头记录而不是书面记录；符文棒通常用于短消息。前基督教时代幸存的文字寥寥无几。

这表明，人们认为古文字适用于交流，甚至是重要的交流，但对于长期的信息存储，人的头脑更优越。

大多数人能读写符文，但很少有人有足够的天赋成为一名律师或诗人。正是这个原因，许多维京传说和神话直到很久以后才被记录下来，在某些地方甚至可能已经被后来个人的思维模式所改变。

文明的祸害

维京人通常被认为是某种嗜杀成性的疯子，从一艘长船上跳下来摧毁他所看到的一切，这种看法显然是错误的。维京人不是一批没受过教育、胡子又脏又乱的野蛮人，他们可以阅读符文棒上的信息，穿着做工精良的衣服，每周会清洗一次。他们还会洗澡、梳胡子。他们不是职业强盗，也不是杀人犯，而是一个户主或者工匠，有一个精心建造的农场或家庭可以回去。他们也不是荒野中绝望嚎叫的野蛮人，而是来自一个秩序井然、相对文明的法治社会，这个社会拥有稳定的社会秩序。

然而，他们确实跳下了一艘长船，纵身跃入海浪中，随心所欲地冲上岸去抢劫。他们杀死任何试图阻止他们的人，并在事后吹嘘自己的行为。他们自以为做这些事情是合情合理的。经济、社会和宗教因素造就了他们的身份和地位，对他们来说，野蛮袭击只是他们无比复杂生活方式中的一个方面。

然而，对于他们的受害者来说，他们是文明的祸害和上帝的敌人。在林迪斯法恩袭击后的短短几年内，似乎没有一条海岸能够躲过这些可怕的北方人，他们的袭击也延伸到遥远的内陆。"北方人的愤怒"这句话可能很难找到出处，但它确实准确地表达了当时受害者的心情。

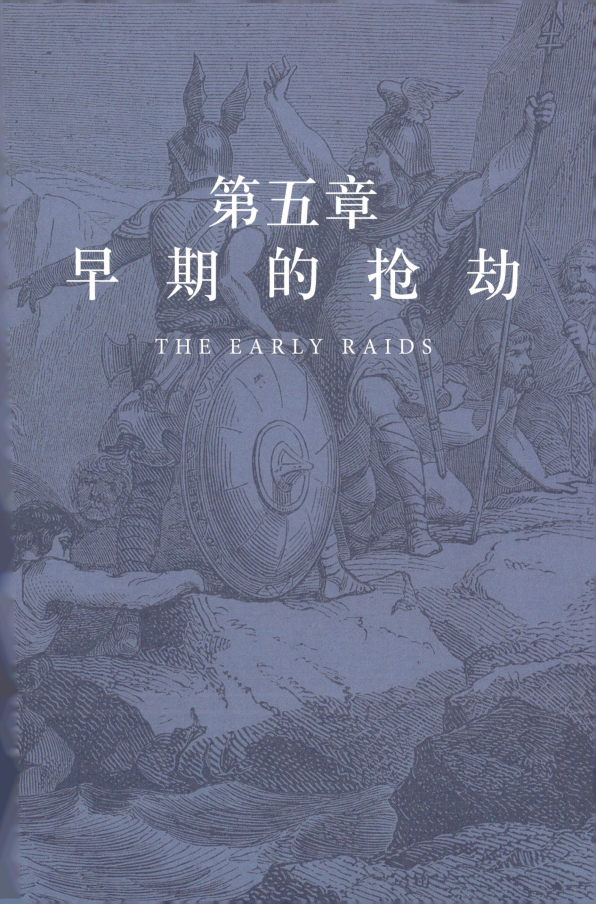

第五章
早 期 的 抢 劫

THE EARLY RAIDS

维京人的历史是一个复杂的故事，很难简单地将其分成几个时代。没有明确界定的掠夺时期、定居时期以及大王国时期；掠夺、定居和帝国建设贯穿了整个维京时代。

从最广泛的意义上来说，随着时间的推移，可以看出维京人的活动方式发生了变化。在维京时代早期，探险队从斯堪的纳维亚半岛的家中出发，进行袭击、探险和贸易，然后返回家园。后来，维京人在其他地方占领了土地，建立了王国。但袭击从来没有停止过，而且总是有一些定居点在建设。人们还会通过其他手段进行殖民活动。这主要是通过移民的方式：一些维京人离开传统的维京土地加入现有的社会，在某些情况下他们最终成为军事精英阶层，甚至是这个社会的统治者。

因此，从活动的角度来理解维京人的故事：袭击、探险或定居，要比从严格的年表来理解更容易。在某一时刻，袭击可能是一个地区的常态，而在另一个地区则保持着相对和平的定居生活。在漫长的历史中，其他社会对维京人的看法逐渐发生了变化，从可怕的外国人变成了或许同样可怕的邻居。

这种变化在地点和时间上都不统一，也不完整，但这种趋势是显而易见的。到了维京时代末期，北欧人已经成为欧

上页图　维京船的设计在整个维京时代几乎没有什么变化。这些船只体积小，相对简单，可以顺利地穿越北大西洋，又因足够轻，可以在欧洲大陆大河的急流上通行。

下图　早期的袭击规模很小，只有少数几艘战舰参与，但之后规模迅速扩大，直到几十艘，最终可能有几百艘战舰，载着数千名战士。

上图 修道院是维京人袭击的首要目标。这些地方防御能力较弱,而且位置偏僻,是低风险的目标;而且很多财富都集中在这里,因此这些目标更具吸引力。

洲政治格局的一部分,但是在 793 年,他们还是遥远的外国人,人们对他们知之甚少。他们登上世界舞台时充满了戏剧性和血腥味道,但真正的影响要在许多年后才会变得清晰。当第一支袭击队冲上林迪斯法恩的海滩时,没有人能够预测到世界将会发生多大的变化。

战利品和目标选择

793 年,海上袭击对维京人来说已经不新鲜,因为当时造船技术的提高扩大了商人和抢劫者的势力范围。袭击所带来的经济价值是众所周知的:它必须获得足够多的战利品来证明离开农场和家园的时间是合理的,或者至少能够增加名气,这有着不同但同样明显的价值。

从长远来看,袭击和其他探险活动必须支付建造和维护船只以及购置武器和装备的费用。战利品必须是体积小、高价值的,因为维京人的船只空间相当有限。此外,这个目标防守能力不能太好。一场像样的战斗是赢得名声和进入瓦尔霍尔的必要条件,同时也是为了让这次袭击名副其实,而不是简单的偷窃。但是如果防御者太过强大,或者救援来得太快,那么维京人可能会在没有带走任何战利品的情况下被赶走。

此外,虽然可能有例外,但大多数维京人不一定急于进入瓦尔霍尔。享受成功

"几乎没有什么比不知道如何接受好事更能说明问题的了。"

抢劫财富后的美好生活是令人向往的，进入瓦尔霍尔是命中注定的，所以为什么不先在米德加德玩个痛快呢？因此，维京人对自杀式袭击不感兴趣，因为当援军到来帮助守军时，他们可能还在苦苦挣扎，无法突破防御工事。

这些都极大地影响了目标的选择。理想的情况是，这些地方相当偏远，无法立即得到援助，防御薄弱，没有重兵把守。而大型定居点很可能集结相当规模的兵力来抵抗抢劫者，因此目标人口不能太多。农场和小社区会藏有一些贵重物品，但高价值的物品只会在高价值的目标中找到，如贵族或其他首领的家。当然，这些地方很可能有很好的防御工事，通常位于相当大的定居点或其附近。

因此，沿海教堂和修道院被视为理想的目标也就不足为奇了。它们所在的地理位置可以让维京人顺利攻入，并带着战利品轻松撤退。他们故意选择许多偏远的地方作为目标，以确保对方在一次典型的袭击中得不到援助。

宗教建筑可能是最有价值的目标。早期教会非常富有，有大量的黄金和其他贵重物品被存放在教堂或以供使用，更多珍贵的材料被用来装饰宗教物品和建筑本身，这些巨额财富足以让维京人垂涎三尺。

抢劫林迪斯法恩

林迪斯法恩位于英格兰东北海岸的一个岛上，是抢劫的完美目标。事实上，林迪斯法恩是如此完美，以至于在事后看来，穿越北海的抢劫者明显会

左图　在这幅描绘袭击爱尔兰定居点的作品中，砍死一名牧师是其核心内容。但是对于参与其中的战士来说，杀死修士或牧师并没有什么特别的。他们的目标是掠夺，任何挡道的人都有可能成为受害者。

将此处作为抢劫目标。然而，当时并没有真正的理由怀疑此地可能会发生抢劫事件。除此之外，对这种圣地的抢劫其实是对社会和政治势力强大的教会的攻击，是对上帝的公然冒犯。

然而，维京人并不惧怕基督教的上帝——他们拥有一整个万神殿，里面有他们自己强大的神灵，自然也不害怕教会所属的社会。在教会看来，他们是在抢劫上帝的房子，但在维京人的心目中，抢劫林迪斯法恩更像是抢银行。那里有东

annis quod nos nriq· patres huius pulcher
rime patrie incole fuim· & nūquā
talis terror prius apparuit inbret
tannia · ueluti modo apagana gente
ppessi sumus· nec eiusmodi nauigiu fieri posse
putabatur · Ecce eclesia sci cudberhti
sacerdotū dei sanguine aspsa · omnibus
spoliata ornamentis · locus cunctis inbrit
tannia uenerabilior · paganis gentibus
datur addepredandū · Etubi primū
post discessū sci paulini abeuboracia xpi
ana religio innrā gente sumpsit initiū·
ibi miserie etcalamitatis coepit exordiū·
Quis hoc nontimet· quis hoc quasi captā
patriam nonplangit· uineā electā uulpes
depredarunt· hereditas dni dataest
populo nonsuo; Etubi laus dni· ibiludus
gentiū; festiuitas scā uersaest inluctū;
Atentius considerate frs· & diligentissime
pspicite· neforte hoc inconsuetum et
inauditū malū aliqua inaudita mali
consuetudine pmereretur; Nondico

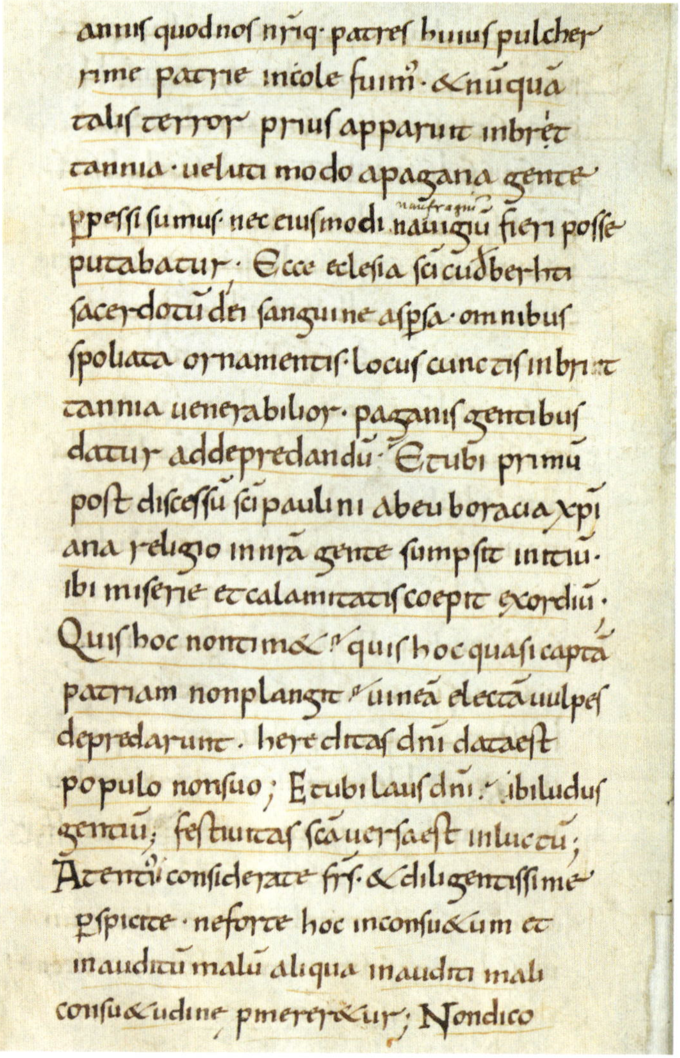

右图　修道院院长阿尔昆给林迪斯法恩的幸存者写了这封支持信。他深表同情，但也告诫修士要更加努力地为主工作，并暗示当他们表现出足够的虔诚时，抢劫就会停止。

下页图　当贸易比抢劫更有利可图时，维京人就会变为商人。无论是为了贸易还是暴力，他们的船只都遵循着相同的路线。

800—1170年，
维京人在爱尔兰海
的贸易路线

北欧人殖民地

9—10世纪的
主要路线

11—12世纪的
主要路线

斯堪的纳维亚的堡垒

教会中心

附加日期的战斗遗址

苏格兰

北海

阿伯内西　　　圣安德鲁斯

爱奥那

因奇科姆

泰宁哈默　　林迪斯法恩

戈万　　　　　　　　　　　　　　　867—954年，从都柏林到约克

洛锡安

梅尔罗斯　　伯尼西亚

斯特拉斯克莱德

赫克瑟姆　贾罗

卡莱尔　　切斯特勒街

加洛韦　　　　　　　达勒姆

柯库布里　　　　　　　芒克威尔茅斯

法宇　　阿莫伊

耶利支　　　　　　惠特霍恩　　　　阿斯佩特里亚

邓吉文　　阿尔斯特　　　　　　　　坎布里亚　　莜斯河畔斯托克顿

马赫拉　　　　　　　　　　圣必斯　　　　　　布朗普顿

南乌伊尼尔　　　　　　　　戈斯福斯　　米德尔顿

阿尔博雷　内伊朔　　　　　　　914年，拉格纳尔交战

班戈　　　　　　　　　　安德烈亚斯

莫维伊　　　　　　　　　柯克迈克尔　　约克

南德罗朔

德弗尼什　　阿马　　　　　　曼岛　　　　霍尔顿

唐帕特里克　　　　　　　　　　希舍姆　里彭　约克

德拉姆兰　　　　基尔布里尼

纽里

德拉米斯金

莫纳斯特博伊斯　安那格森

凯尔斯　　　　　德利克

基尔斯奇尔　斯莱恩　芬诺

黑尔岛　　布雷加

克朗玛克诺斯　克朗纳德　特雷维　拉格斯

拉桑　　克朗多金　都柏林

加仑　　　　　　老基尔卡伦

比尔　巴尔代尔　蒙特堡

克朗纳　　旧利林　格伦达洛

罗斯克雷　　　　阿克洛

基尔肯尼　莱茵斯特

圣马林　弗恩斯

奥索里

韦克斯福德

利斯莫尔

沃特福德

彭蒙　　班戈

阿伯弗劳

圭内斯

克兰诺格福尔

麦西亚

利奇菲尔德

波伊斯

陶因

兰巴登福尔　　　赫里福德

锡尔迪金

圣戴维斯　　布雷切尼奥格　格温特

德韦达

莫甘努格

卡迪夫

萨默塞特

格拉斯顿伯里

德文

大西洋

爱尔兰海

902年，英吉蒙德侵袭路线

西特里克路线（920年从都柏林至达文波特）

西特里克路线（893年到达都柏林）

0　　50千米
0　　50英里

N

西可以掠夺，防御能力太薄弱，修士没有能力保护他们的财产，而且非常适合快速进出。

如果抢劫林迪斯法恩活动出了差错，历史可能会有所不同，那样维京人有可能更喜欢多交易少抢劫，但是这次探险取得了巨大的成功。维京战船冲上沙滩，战士们下船，开始肆无忌惮地杀戮。他们带走任何能带走的东西，杀死任何试图阻止他们的人，以及许多无法迅速逃离的人。一些修士被蓄意杀害，尽管他们并没有反击，而另一些则沦为奴隶。

抢劫林迪斯法恩的想法被证明是正确的，很快他们就有针对其他沿海目标的探险计划。

起初，同一片海岸也遭到了攻击；794 年，贾罗（Jarrow）和韦茅斯遭到了袭击。然后攻击开始向更远的地方蔓延——到 800 年，维京人的船只不仅袭击了从爱奥那（Iona）岛到法国西南海岸的目标，还袭击了爱尔兰海岸外的岛屿。

对爱尔兰的袭击开始于 795 年，最初可能是由一小伙人进行的。他们袭击岛屿而不是大陆，这样做与海洋有关，因为这使得长船可以接近目标，并会减缓有组织的反击。袭击爱尔兰的模式与袭击其他地方没有太大的不同——沿海社区和修道院像其他地方一样遭到袭击，但他们在爱尔兰得到的反应却有所不同。

爱尔兰的修道院卷入了当地政治风波，因此对它们的攻击并不鲜见。在爱尔兰，烧毁敌人的修道院有时是部族冲突的目标。教会人员也会参加抢劫，即使他们没有及时地接受训练，他们也可能习惯了战斗。抢劫牲畜也是爱尔兰的社会习俗，因此维京人的掠夺行为对当地居民来说并不是什么值得大惊小怪的事。

在维京海盗袭击的所有目标中，林迪斯法恩是最令人震惊的，不仅因为它是第一个。事实上，维京人可能在袭击林迪斯法恩之前就袭击过其他圣地，而这只不过是第一个被袭击的主要地点。林迪斯法恩是英国基督教的主要中心，也是圣比德（Saint Bede）的安息之地。630 年以来，这里一直是一个圣地，如果说有什么地方值得上帝保护的话，那就是林迪斯法恩的修道院。

在当时，人们常常认为，如果灾难降临那也是罪有应得。有人强烈认为，林迪斯法恩被洗劫是因为人们缺乏虔诚，或者对教会不够慷慨，或者是一系列淫乱的活动——包括通奸、贪婪、乱伦以及贪图世俗享乐。外国宗教人士告诫英格兰人要整顿他们自身的行为；只有当英格兰人再次得到上帝的眷顾时，抢劫才会停止。

目标改变与分配

　　无论英格兰人是否变得更加虔诚，遭受到的抢劫都没有停止。很多沿海地区都受到了抢劫，而河流方便了维京船只到达远离大海的内陆目标。然而，抢劫者不喜欢远离他们的船只，所以远离航道的定居点暂时还是安全的。但是，船只的设计允许他们能够在任何海滩上登陆，并在狭小的空间内用船桨操纵，这使维京人几乎可以随意攻击。

　　可能改变袭击目标的因素有风和潮汐。在穿越北海的航行中，维京船可能会受到天气状况的影响，偏离预定的航线。

左图　这幅20世纪50年代描绘维京人袭击的插图充分还原了暴力抢劫的场景，但仍有一些不准确的地方。例如有角头盔早就不被使用了。

当然，沿着海岸航行寻找原计划的目标是完全可行的，但通常会出现另一个目标。维京人并不想发动战争，所以没有必要执行特定的目标。他们最重要的目的是带着战利品回家，让这次探险不虚此行。

根据某些规定，从抢劫中获得的战利品需要平均分配。假设每个参与抢劫的人都发挥了自己的作用，那么他们理应分享整个团队的收入。但也有例外：如果一个人被发现急匆匆回到长船上，把仍在战斗的其他人抛下了，那么他的份额就会被没收。因为这种情况意味着懦弱，指控他的这种行为就不仅仅是经济问题了。这是对他名誉的挑战，也是产生决斗甚至是血海深仇的理由。

人质和新娘

除了掠夺财物以外，他们还有其他赚钱的方法。一个是把俘虏当作奴隶卖掉，可以把这些不幸的人看作是战利品，

下图　努瓦尔穆捷最初的防御工事是为了抵御维京人的袭击而建造的，但并不完全成功。图中这座城堡是后来 12 世纪在同一地点上建造的。

将他们变成像其他物品一样可以使用或出售的财产。然而，有可能成为奴隶的人必须在回家的路上吃饱饭，如果他们觉得自己没有什么可失去的，可能会很麻烦。奴隶要想卖个好价钱，必须身体健全，或者拥有一些有用的技能。此外，另外一种赚钱的方法——劫持人质。

劫持人质的行为很可能在抢劫林迪斯法恩事件之前就已经存在，但可以肯定的是，在几年之后这已经成为一项有利可图的生意。与其把潜在的奴隶运回家，不如将其当成人质，可以在抢劫后立即标价由人赎回，或者带到定居点扣留，直到有人支付赎金。人质不需要是多么优秀的工人，重要的是有人足够关心他们，并愿意支付赎金。当然，对于那些有财富的人来说，具有经济价值或个人价值的人是索要赎金的最佳人选。

劫持人质还有另一个优势。从理论上讲，奴隶市场可能达到饱和状态，迫使价格下降，而工人的流失将削弱抢劫目标的经济实力。在一次性的抢劫中，这虽不会有什么影响，但从长远来看，不太富裕的目标会影响战利品的数量。因此，

下图　维京商人和抢劫队伍会航行到任何有海的地方，并在他们发现的任何海岸登陆。正如本章所描绘的，探险队至少深入到了地中海的意大利。

把人质返还给他们的社区是一桩好买卖。在那里，他们可以重返工作岗位，重建当地经济，从而让未来的抢劫变得有价值。同一个人甚至可能被多次赎回。

有些目标值得反复攻击。岛上的努瓦尔穆捷（Noirmoutier）修道院每年都会遭到袭击，直到最终被废弃；而弗里西亚（Frisia）沿海贸易城镇即便多次遭到袭击，仍是他们有利可图的目标。

抢劫并不总是简单的掠夺。在战士的传奇故事中，有些人只想要名声，想要考验他们的男子气概，因此他们并不关心黄金。还有一些只抢劫那些他们认为值得抢劫的人，比如一伙歹徒或者敌对的抢劫者。然而，在大多数情况下，维京人关心的是个人利益和声望，有时还会抢劫和俘获新娘。其中最引人注目的事件就是狩猎之王古德罗德（Gudrod）对阿格迪尔（Agdir）王国的攻击。

当时，维京世界有许多小王国，古德罗德为了扩大自己的势力范围，娶了阿格迪尔国王红胡子哈拉尔德的女儿为妻。当初古德罗德在求婚遭到拒绝后，他采取了更加直接的方式。他带领部队登陆阿格迪尔，在战斗中杀死了哈拉尔德和他的儿子，并绑架了自己的王室新娘。新娘为他生了一个儿子，名为"黑王"哈夫丹（Halfdan the Black），最终她在回家前杀死了丈夫。哈夫丹正式成为阿格迪尔的国王，并继承了他父亲一半的王国，成为后者梦寐以求的强大霸主。

如果这些传说是可信的，古德罗德谋杀案发生在 840 年左右，这说明那时维京人抢劫的性质正在发生变化。在早期，抢劫队通常由一艘船或者三艘船组成。这个队伍后来迅速扩大，到 850 年，经常可以看到由 300 艘船组成的舰队出发前去进行大规模的抢劫。

大约在这个时候，另一个重大变化发生了。843 年，一支维京抢劫队首次在外面过冬，而不是航行回到斯堪的纳维亚半岛。这自然导致了维京人定居点的出现，很快他们在阿基坦（Aquitaine）和其他地方的前哨阵地开始发展壮大。844 年，在抢劫了几个城市后，维京人进军地中海的行动被击退，但在其他城市则取得成功，他们到达了北非甚至意大利。

攻击内陆

维京人开始进一步进攻内陆地区，马匹有时候也派上了用场，并在为此目的建立的前沿基地发动有组织的战役。与针对岛屿和沿海城镇的袭击相反，对内陆袭击始于 836 年的爱尔兰，第一批维京人于 852 年在英格兰的土地上过冬。

"立下伟大的决心，然后把它们搁置一边，只会以耻辱告终。"

在 9 世纪中期，一支被称为"大军"（Great Army）的大规模抢劫部队出现在欧洲，这支部队可能是由朗纳尔·洛德布罗克（Ragnar Lodbrok）领导的。这支部队于 845 年袭击了巴黎，并在法国各地发动了一系列重大袭击活动，多次洗劫一些城镇。这支部队的规模尚不清楚，但大约有几千人、数百艘战船。

在法国战役之后，"大军"转移到英格兰，于 865 年在东昂格利亚（East Anglia）登陆。传说，入侵是由朗纳尔·洛德布罗克的阵亡引发的，并由他的儿子们领导，但并非所有的证据都是可靠的。根据传说，朗纳尔对诺森布里亚发动了一次远征，但以失败告终。

目前尚不清楚，登陆诺森布里亚的朗纳尔是否与 20 年前袭击巴黎的朗纳尔是同一个人，但看起来，这个朗纳尔确实有可能在几十年内不断进攻，同时也面临着被他的儿子们赢得的荣耀盖过其光芒的危险。

洛德布罗克的意思是"多毛的皮裤"，这个名字来源于他的妻子为他做的一条特殊的裤子，它可以抵御龙的火焰，虽然他年轻时是一名著名的屠龙者，但这次他并没有成功。他对诺森布里亚的远征最终以灾难性收场：被埃拉（Aella）国王俘虏，

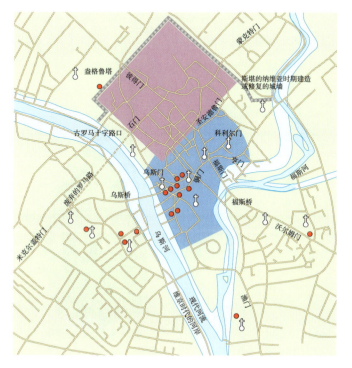

886—954年，约克的维京人

■ 教会和行政圈地

■ 维京人定居点的主要区域

斯堪的纳维亚时期建造或修复的城墙

● 维京人发掘现场

前诺曼时期的教堂

左图　约克天然的防御位置使它成为一个理想的堡垒，坚固的城墙提高了其防御能力。维京人充分利用早期的防御工事，还增建了一些设施。

还被扔进了一个蛇窝。

据说朗纳尔·洛德布罗克死得其所，他给他的敌人带来了可怕的威胁，并用英雄的诗句献上了一首死亡之歌——被蛇咬死可是一个"壮举"。

无论如何，他的防龙裤子并没有让他免遭蛇咬，朗纳尔最后在预言他的儿子们会复仇后，就屈服了。他儿子们的部队抵达了英格兰南部，而不是直接登陆诺森布里亚海岸。

诺森布里亚

在东昂格利亚登陆后，维京人开始为他们对抗诺森布里亚的远征做准备。诺森布里亚王国非常强大，其领域范围从亨伯（Humber）河到福斯（Forth）河一直延伸到大不列颠的东部，并包括西海岸的一部分。诺森布里亚是 604 年由伯尔尼西亚（Bernica）和德拉（Deira）这两个较小的王国组成的。627 年，诺森布里亚人民开始信奉基督教，并成为一个重要的宗教中心。然而，到了 8 世纪早期，这个王国开始衰落，在维京人入侵的时候，它的势力已大不如从前了。

众所周知，维京"大军"（有时被称为维京雄师）在东昂格利亚没有遇到真正的抵抗，并于 866 年向北推进。一半的维京入侵部队从陆路进军，其余的则向亨伯河出发。在他们的前进过程中，一般会展开劫掠活动，不少圣地被洗劫一空，惠特比（Whitby）修道院也不例外。866 年 11 月，维京海盗抵达约克（York），此前诺森布里亚人一直受到内部争端的困扰，因此维京海盗遇到的反抗相对较少。

入侵者在约克过冬，利用这段时间修复了那里的罗马防御要塞。867 年 3 月，诺森布里亚的军队向侵略者发起了进攻。在击败了这支部队之后，维京人得以占领更多的城镇，并树立了一个傀儡国王。如果说入侵是以武力抢劫开始的，那么它已经变成了一场征服战役。

右图　阿尔弗雷德国王有时被认为是英格兰伟大的国王和捍卫者。他成功抵御了维京人的入侵，这为他在历史和传奇中赢得了一席之地。

威塞克斯和麦西亚

在控制了诺森布里亚之后，维京人转向南方，与诺森布里亚要求帮助其抵抗侵略者的麦西亚（Mercia）王国发生了冲突。维京海盗占领了诺丁汉（Nottingham），但在接下来的几年里都没有征服麦西亚。相反，他们在 870 年回到了东昂格利亚。东昂格利亚的军队被击败，国王埃德蒙（Edmund）被杀，该地区也被维京人控制。

871 年，一支被称为"夏季大军"的部队壮大了力量，这支维京"大军"向威塞克斯（Wessex）和麦西亚发动了战争。维京人尽管取得了一些胜利，包括攻占了雷丁（Reading），但他们仍然无法打败对手，于是同意撤退以换取赎金。之后他们把注意力转向了北方，派出部分兵力与皮克特人（Picts）作战，其余的兵力则为对南方再次发起攻击做准备。

左图　据传说，阿尔弗雷德国王伪装成吟游诗人，为维京国王古托姆表演，从而获得了战略情报。在得知维京部队缺少食物后，阿尔弗雷德制订了一个获胜策略。

"人们常常会为说得太多而后悔，很少会为说得太少而懊恼。"

872 年，维京人被诺森布里亚的一场叛乱分散了注意力，他们一度满足于收取赎金（后来被称为丹麦金），而不去骚扰麦西亚。然而，在 874 年，维京人觉得时机已经成熟，他们击败了当地的军队，将国王赶下了台，然后向麦西亚进发。

875 年，一个以约克为中心的维京王国建立起来。在维京人控制下的地区被称为丹法区，虽然这个词也有其他用途。

维京"大军"在建立了自己的势力后，向威塞克斯发起了新的战役。他们的主要对手是威塞克斯的国王阿尔弗雷德（Alfred），他是有史以来唯一一位获得"大帝"（The Great）头衔的英国君主。871 年，阿尔弗雷德在其兄长埃塞尔雷德（Aethelred）死后登上王位，并立即着手应对维京人的入侵。他对敌对行动的重新爆发可能并不感到惊讶。

当时的维京"大军"是由古托姆（Guthorm）领导的，他在前几年里已经占领了英格兰的其他地区。876 年，他觉得自己拥有占领威塞克斯的有利时机。维京人当时没有冲破威塞克斯的防线，而是选择绕过，迅速攻入内陆。他们的策略往往是突然袭击一个城镇，然后将其牢牢抓住，直到收到赎金才会离开。古托姆的军队一路向多塞特（Dorset）海岸推进，并占领了韦勒姆（Wareham）。

尽管得到了海上增援，古托姆还是被围困在了韦勒姆，被迫接受了一项和平条约，之后他立即破坏了和约并试图逃跑。他的部分军队抵达埃克塞特（Exeter），而其他部队试图从海上逃跑，结果被暴风雨冲散。古托姆通过谈判达成了另一项条约，接受了一大笔赎金，然后撤出了威塞克斯。

维京人在格洛斯特（Gloucester）附近过冬，但在 878 年初回到了威塞克斯，发动了一次突然袭击，差点就在阿尔弗雷德的冬宫抓住了他。此后阿尔弗雷德采取了游击战的形式抵抗维京人，直到他可以建立起一支能够挑战侵略者的新军队。最终他们在爱丁顿（Ethandun）决一死战，维京人在那里被彻底击败。他们后来逃到了奇彭纳姆（Chippenham）避难，却因饥饿而屈服，并被迫宣誓签订了另一项和平条约。

这项条约与迄今为止维京"大军"和威塞克斯之间的其他条约大致相同，它包括与之前的安排相同的宣誓和人质交换，以及要求古托姆受洗加入基督教。然而这一次情况有所不同。维京人被打得落花流水，他们自己在政治管理上也遇到了麻烦。由于各个维京领导人之间存在分歧，维京"大军"面临瓦解，古托姆能否继续发动进攻令人怀疑。在这种情况下，他决定遵守这项新条约，并撤出威塞克斯。此后他成了统治东昂格利亚的国王。

一个时代的终结

当然，维京人仍在继续袭击英格兰，事实上丹麦境内新的维京统治者也遭受了家乡亲属的掠夺。然而，最伟大的维京抢劫时代在公元900年即将结束。包括阿尔弗雷德国王在内的许多欧洲统治者都采取了各种措施抵御入侵者，比如加固桥梁阻止敌人从河流入侵，一些统治者也开始建造舰队来保卫海岸。

896年，阿尔弗雷德国王下令建造一支新的舰队。与维京长船相比，这些船体积更大，功能更强，但可能不适合航海。然而他们并不需如此，因为他们的任务是沿海防御，而不是长途航行，强调战斗力而不是适航性，这使他们在遇到维京船时占尽优势。这并不是第一批由英格兰王国组建的战舰，但它们确实代表了一种新的信心和决心，在海上遇到抢劫者也会顽强对抗并击败它们。

阿尔弗雷德还重组了威塞克斯的军队，调整了他们的战术，建造防御工事来对抗维京人的登陆，在内陆驻军来加强城镇防御。也许最重要的是，这些堡垒提供了入侵的早期预警，可以减缓抢劫者的速度，让阿尔弗雷德有足够时间集结足够兵力将其击退。虽然这些措施不足以完全击败维京人，但他们采取了今天可能被称为"目标硬化"的形式，致使维京人传统的快速抢劫方式再也难以完成。"目标硬化"战略非常有用，而战略就是：阿尔弗雷德国王通过将难度增益比提高到令对手无法接受的水平来取胜。

892年或893年，一支强大的维京部队确实试图夺取英格兰南部的土地。这并不是一次袭击，而是一次企图征服土地的尝试——维京人把他们的家人从欧洲大陆带来，他们希望在英格兰南部定居而不是掠夺此地。

下页图 到10世纪早期，维京人已经征服了英格兰的大片地区，成为那里政治格局的一部分，而不再是外部力量。他们的抢劫仍在进行，既是为了掠夺，也是更大规模的征服战役的一部分。

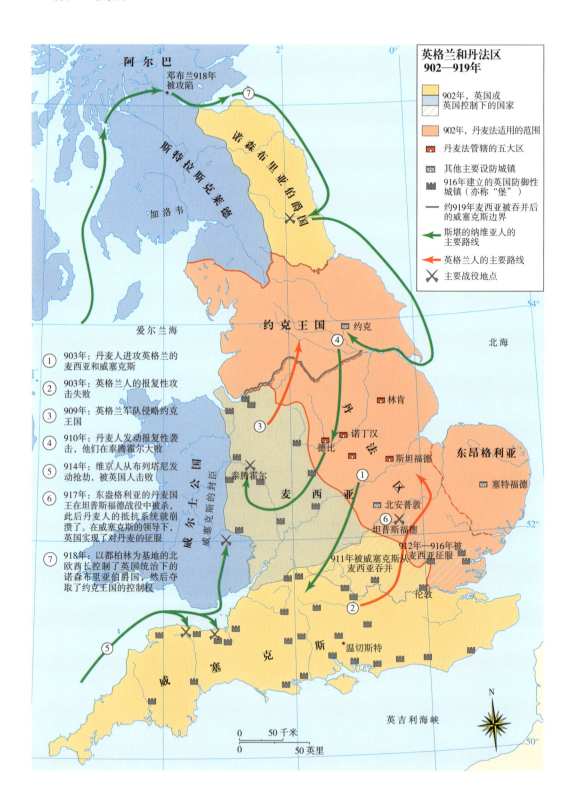

阿尔巴

邓布兰918年被攻陷

⑦

斯特拉斯克莱德

诺森布里亚伯爵国

加洛韦

爱尔兰海

约克王国

约克

北海

林肯

威尔士公国

威塞克斯的封臣

泰腾霍尔

③

诺丁汉

德比

斯坦福德

丹法区

东昂格利亚

塞特福德

① 903年：丹麦人进攻英格兰的麦西亚和威塞克斯

② 903年：英格兰人的报复性攻击失败

③ 909年：英格兰军队侵略约克王国

④ 910年：丹麦人发动报复性袭击，他们在泰腾霍尔大败

⑤ 914年：维京人从布列塔尼发动抢劫，被英国人击败

⑥ 917年：东盎格利亚的丹麦国王在坦普斯福德战役中被杀，此后丹麦人的抵抗系统就崩溃了。在威塞克斯的领导下，英国实现了对丹麦的征服

⑦ 918年：以都柏林为基地的北欧酋长控制了英国统治下的诺森布里亚伯爵国，然后夺取了约克王国的控制权

麦西亚

①

北安普敦

⑥ 坦普斯福德

912年—916年被麦西亚征服

911年被威塞克斯从麦西亚吞并

伦敦

②

威塞克斯

温切斯特

英吉利海峡

英格兰和丹法区
902—919年

902年，英国或英国控制下的国家

902年，丹麦法适用的范围

丹麦法管辖的五大区

其他主要设防城镇

916年建立的英国防御性城镇（亦称"堡"）

约919年麦西亚被吞并后的威塞克斯边界

斯堪的纳维亚人的主要路线

英格兰人的主要路线

主要战役地点

⑤

N

　　尽管早期取得了一些成功，但他们还是遭到了威塞克斯强有力的反击，逃散到了各地，从而一直未能建立一个稳固的立足点或新的定居点。

　　其他统治者在应对维京人的入侵时则没有阿尔弗雷德那样成功，尽管任意抢劫的黄金时代已经结束了。维京人的抢劫行为虽仍会激起人们的恐惧感，但是他们很可能在陆地或海上遭到武力攻击，因为现在人们至少知道自己面对的是什么。以前被抢劫的许多海岸现在是维京定居者的领地，他们可能会也可能不会成为下一个抢劫的目标。

下图　当巴黎被维京人围困时，它还不是一个首都，但它确实拥有重要的防御工事。维京人在这个时候有能力进行复杂的大规模行动来削弱城市的防御能力，他们不再是简单的、投机取巧的海上掠夺者。

亲吻国王的脚

在法国，国王查理三世（Charles III）想出了一个解决维京人抢劫问题的新办法——他将土地赠送给维京定居者，以使他们保卫他的海岸。他与维京首领罗洛达成了一项协议。后者的出身一直受到历史学家的争议：一些人认为罗洛是西挪威贵族的儿子，另一些人则认为他是一个被流放的丹麦人。不管事实如何，他似乎已经成为 885 年围攻巴黎的维京军队的领袖。他与西法兰克国王查理的第一笔交易是接受进贡，去抢劫查理在别处的敌人。在他第二次攻打巴黎期间，有人向他提议，如果他宣誓效忠查理并接受洗礼，他就会得到诺曼底地区作为他的领土。他作为诺曼底统治者的职责（历史学家对他的头衔是伯爵还是公爵意见不一）是要保卫海岸不受未来侵略者的袭击。

根据广为流传的历史，当罗洛被要求向查理三世宣誓效忠时，他表现出了维京人的一些传统属性——骄傲和相当强大的幽默感。当时的习俗是封臣要亲吻统治者的脚，罗洛认为这是一种羞辱。在这一点上，协定几乎要失败了，但双方

下图　付钱给维京人让他们不要发动袭击是一项危险的策略，但这对查理国王来说是有利的。他能够派出维京人去对付他的对手并削弱他们，同时能够避免自己的领土被蹂躏。

最终同意由罗洛的一名战士代替他做这个动作。

　　这位战士本该弯下腰亲吻查理的脚，但不知出于什么原因，他决定抓住法兰西国王的脚，将其举到自己的嘴边。他肯定知道接下来会发生什么，而他愿意做出一个可能被视为侮辱性的并可能引发冲突的行为，这表明他要么是勇气过人，要么是完全不考虑后果。不管怎样，国王查理三世被推倒在地，而罗洛和他的维京人都感到非常高兴。

　　不过，鞋子被吻后，协议也就达成了。查理三世得到了他的边防军，罗洛也得到了他的土地。如果这种场合不像某些人希望的那样庄严，那么这也许就是与维京人做交易的代价。

　　罗洛对查理三世的效忠宣誓标志着维京人的生存本质发生了变化。当然，抢劫并没有停止，但情况变得更加复杂。维京人不再只是从斯堪的纳维亚半岛出来的海盗，他们现在以定居者、有时是征服者的身份来到这里。他们已经成为欧洲政治棋盘上的玩家，而不仅仅是偶尔从棋盘上抢夺一颗棋子的外来者。

第六章
维京人的武器和战斗
VIKING WEAPONS AND COMBAT

维京人是勇士，而不是士兵。他们中很少有人是武器领域的专业人士，但大多都拥有武器，并在成长过程中由他们的亲友教导如何使用武器。这表明大多数维京人在一场战斗中只会使用简单的技巧。

那些在战争中幸存下来的人会把他们观察到的有效或无效的技术传给别人，于是就有了一套公认的技术体系。除了这些基本动作之外，一些经验丰富的战士还开发出更多棘手或微妙的技术，并传授给他们的亲友。那些经常战斗或者有能力花时间正确练习使用武器的人，会比那些没有什么技巧、仅会乱舞一把斧头或剑的人更出色。

关于维京人如何战斗的第一手资料很少，但是可以从各种资料中勾勒出他们的战斗风格。一些传奇故事提到了一系列可以在战斗中使用的巧妙策略，还有一些相当不可思议的举动。其中大部分动作都是常人可以做到的，所以可以想象有些事情可能已经发生了，正如传说中所描述的那样。在某些情况下，这些动作甚至可能已经成为战士们训练时的标准技能。

上页图　后来对维京人的描述往往包含许多不合实际的内容。胸甲、锁子甲和带翅膀的头盔都是来自艺术家的想象，而不是准确的历史。

阵亡战士的遗体可以让我们了解他们伤口的位置和状态，当这些与类似武器的实际工具结合时，一幅被击杀的伤害画面就被创造出来了。我们不可能完全肯定这些伤害究竟是如何导致的，但很可能最简单的解释就是正确的。如果有一种更快、更简单、更有把握的方法来完成同样的任务时，一个为生命而战斗的人是不会去做复杂的事情的。

下图　从骸骨中可以了解到很多维京人的武器装备和战斗系统。伤口的位置和在骨头上留下的印记可以帮助我们了解受伤的类型，从而说明维京勇士是如何战斗的。

在陆地和海上

更大规模的战斗是高度个人化的，战士是作为一个武装团体而战斗，而不是整齐排列的士兵。然而，这并不意味着维京人不能合作或使用编队。那些彼此很了解并且可能曾经一起战斗过的人可以互相支持，能够预测其他人对任何特定情况的反应，保护因武器掉落而受伤或轻伤中需要时间恢复的朋友，帮助以一敌多或处于劣势的同伴。

维京人确实使用了一种秩序井然的战斗队形，名为"野猪编队"（Swine Array）。这是一种楔形阵型，主要用于进攻。最外侧的人站在楔形阵的前面，他们很可能是武器和装甲最好的人，但总有人希望自己在别人眼里是勇敢的，可能会要求在前线的位置，尽管他没有装甲。

野猪编队是突破盾墙的有力武器，后者是当时另一种常见的战斗编队。战士们将重叠的盾牌锁定在一起形成的盾墙，可以非常成功地抵御许多单个战士的攻击，但是也有可能会被凶狠的楔形势头所破坏。一旦盾墙被打破，战斗就会被分成个人和小团体的混战，在这种情况下维京人的战斗风格是

下图 盾墙是那个时代的标准防御阵型，通常由一排盾牌组成。像这样的双排盾牌虽然限制了战士的战斗能力，却提供了更好的保护来抵御敌人的弓箭。

非常有效的。

　　像楔形或盾墙这样简单的阵型相对来说比较容易形成，即使对于未经训练的战士也是如此，但是如果需要移动就会显得比较笨拙。复杂的战场演变和阵型变化需要一定程度的训练，而这些训练只能强加在至少是半职业化的部队身上。因此，维京人和他们的敌人在需要时可以组成一个楔子或墙，但是任何更复杂的情况都可能会导致失败。

　　这种战斗方式完全适合维京人，而且很适合他们的环境。大多数战斗发生在小团体之间，他们之间相互争斗、袭击，直到更大的维京王国建立前，甚至没有国王组建过大型军队。

　　在一个大型战斗才可能涉及几百名战士的环境中，维京人没有必要也没有机会进行大规模的编队。

　　海上作战与陆上作战没有太大区别。当船只没有安装投射性武器或撞锤时，战斗就是靠近另一艘船后再射箭，接着是近距离接近，然后徒手搏杀。一名战士站在船头与对方交战是很常见的，当一名战士被打死或受伤时，其他人就会挺身而出。在其他情况下，一场绝望的混战会发生在一艘狭小

上图　为了将人员从一艘船转移到另一艘船上，或者为了战斗，必须将船靠拢。这需要熟练的航海技术，因为一个错误就可能会使船被缠住或折断一些桨。

而混乱的船上，战斗力和一定的运气与武器技能同样重要。

在这种战斗中，当船只进入有利的攻击位置时，操船技术是很重要的，而熟练的箭术可以在登船前决定战斗时间的长短。船与船之间或船上的战斗人员之间只有最基本的互助。陆上或海上的战斗中，每个人都要尽最大努力，并与战友并肩作战。

维京人大多徒步作战，尽管他们也喜欢使用马匹作为运输工具。他们的武器和装备非常符合个人的作战风格。他们相信命运是注定的，这意味着维京人常常使用非常具有侵略性的战术。一场战斗有两种可能的结果：战士要么被杀死，要么不被杀死。结果已经决定了，战士也无能为力。那么为什么不开始行动，尽可能多地给对方造成伤害呢？既然无法确定自己是否能在战争中活下来，那么他至少可以选择赢得多大的名声。

上图 盾牌既是一种武器，也是一种防御性工具。它既可以用来攻击或者阻挡对手，也可以用来压制对手使用武器的手臂，阻止对手的攻击。用它来转移或拦截攻击要比正面拦截好得多。

盾牌

维京人确实会进行防御，而且防御的确是一名熟练战士战斗风格中不可或缺的一部分，但他们的最终目标是消灭敌人，而不是个人生存。具有讽刺意味的是，一个为胜利而战的战士往往比一个只想活命的战士更有可能在战斗中生存下来，因为前者会迅速让对手退出战斗，或者至少迫使他们进入防守状态，这样他们就不容易受到致命伤害。

大多数战士都有盾牌保护，盾牌通常是圆形的，由木板或板条构成。有些盾牌用铁箍加固，中间有一个铁套。盾牌的大小有所不同，因为一个好的盾牌是与持剑者的臂长相匹配的。盾牌不是一种被动的防御，而是一堵可以让人躲在后面的移动墙，这是维京战士战斗风格中的一个组成部分。盾牌要移动使用，甚至要会带有一些攻击性，用于攻击和防御，以及一些介于两者之间的行动。为了在这种方式下发挥作用，盾牌必须足够轻，能够有效地挥舞，同时又足够大，能够提供足够的掩护。

　　盾牌最基本的防御方式就是把它举在身前，希望打击能落在上面。这是对弓箭唯一的防御，同时也是相当有效的。然而一个手持斧头或剑的人可以攻击以这种方式举着的盾牌，并迅速让其发挥不了作用，让盾牌使用者受到伤害。

　　为了避免盾牌被迅速毁坏，一个熟练的战士会以更加积极的方式去使用它。应对高空攻击的一种反击方法就是在盾牌水平放置的情况下前进，然后将盾牌的边缘向攻击者的脸部推进。理想情况下，用盾牌攻击对方的剑臂而不是他的武器。这在

左图　战士的盾牌覆盖并保护了他的大部分身体，同样重要的是，它可以防止对手看到他的大部分身体。剑可能隐藏在盾牌后面，让人无法知晓战士打算攻击的目标。

"宁要短暂的荣誉，不要长期的耻辱。"

阻止打击的同时避免了对盾牌的损害，并可以用盾牌边缘向对方进行击打，这也掩护了防御者的武器臂。

在盾牌的保护下，防御者处于有利地位，可以用剑刺向对手的身体。即使他猜到了攻击来自何处，攻击者用自己的盾牌拦截攻击的企图也会因他眼前的盾牌而受到阻碍。另外，防御者可以用剑或斧头砍向攻击者的腿。这种位于腿部外侧的伤口在已经研究过的维京勇士遗骸的骨架上相当常见。

尽管维京人的盾牌防御力十分强大，但一把好的剑或斧头仍可以刺穿或劈开盾牌。一种防御策略就是允许对手的剑刺入盾牌的边缘，然后将其困在那里，自己就可以将对手的武器扭弯成无法使用的状态。

除了作为屏障，盾牌也阻挡了视线。由于掩护的前置性很好，使得对手很难看清他的目标，掩盖了盾牌使用者的意图，限制了对手的选择。一个熟练的盾牌使用者可以利用这一点，预测对手的攻击。这反过来又使绝地反击成为可能，从而结束战斗。相反，盾牌手也可以通过延长战斗时间来消耗对手的体力或羞辱对手。

盾牌束缚

一个非常有效的盾牌技术是"盾牌束缚"（shield bind），战士通过将盾牌压在对手的武器臂上，削弱其作用。当对手的盾牌狠狠压在他的上臂外侧时，他就不能挥动他的剑，而且可以被很有效地控制住。在成功地用盾牌挡住一波攻击之后，或者通过向对手前进将他的武器臂推到一边，就可以用盾牌束缚。这个方法非常有效，可以为剑刺向敌人做好准备，因为盾牌隐藏了盾牌手的武器，从而掩护了他的意图。

盾牌可以用中央沉重的铁套或边缘进行有力的攻击，也可以用来将对手击退。战士将盾牌紧贴身体，尽可能地将自己隐藏在盾牌后面，冲向对手。盾牌可能会造成伤害，对手可能会被打得失去身体平衡，甚至跌倒，而攻击者则会受到很好的保护，免受潜在的反击。

用盾牌将对手击退，然后在他踉跄或失去身体平衡时再用武器攻击，这是一种非常具有技术性的战术，需要的不过是决心和强壮的体型，所以这可能是许多维京战士常用的一种主要招式。盾牌在战斗中非常有用，即使是那些不知道如何使用它的人也会从中受益。毫不奇怪，有几种技巧可以让战士避开对手的盾牌。然而，有时盾牌手可能会自愿放弃使用它。

传奇中记载了一些战士将盾牌背在背上，以便更好地利用手上的武器，有时还会把盾牌盖在倒地的朋友身上，保护他们免受进一步的伤害。扔掉盾牌也是一种强有力的象征性动作，基本上宣告了要百分百地专注于进攻，这对敌人来说是一种威慑。

斗篷

并不是所有的维京战士都拥有盔甲，所以盾牌极其重要，失去盾牌会让人深感不安。在紧急情况下，斗篷或其他衣物可用于防御。有一种方法是将斗篷包在手臂上用来挡开攻击，但这种方法值得商榷。锋利的武器很可能会砍到人造成严重的伤害，笔者曾用单刃剑进行了一项实验，这把剑是比维京剑或斧子更轻的武器，实验结果表明即使没有被砍到，裹着斗篷的手臂也会短时间内不能使用。

斗篷无须一直拿在手上，还可以扔到对手的武器上，使其武器短暂无法使用，直到他自己脱身。也可以扔在对手的

下图 锁子甲价值不菲，保护性极强。它虽然笨重，但转动灵活，不会像厚板那样影响人们活动。

头上，使他一时摸不着头脑，或者干脆扔在他的附近其他位置，分散他的注意力。在传奇故事中有很多这样的例子，通过把衣服扔到战斗人员的武器上来阻止战斗（通常是由女性来完成这种任务）。任何一块相当沉重的布料就足够了，考虑到维京人家乡环境比较寒冷，任何一件户外衣物都可能成为阻止战斗的武器。

对于那些有钱人来说，额外的盔甲保护使他们成为强大的战士。盔甲有时候是临时制作的。传说，战士会在衣服里放置一些扁石，有的会用兽皮或角制作实用的盔甲，尽管这有些笨重。许多传奇英雄都曾在受到攻击时幸运地逃过一劫，因为他们携带的唯一能阻止攻击的东西阻挡了敌人的攻击。比如遭到伏击时，他们在斗篷下面藏着的皮酒囊帮助他们抵御了别人的攻击。大多数情况下，这样的事件都是为了精彩的故事而设计的，或者可以归因于等待这些英雄注定的命运——他们还没有到壮烈牺牲的时候，所以一个原本完美的攻击不知何故没有造成伤害。

锁子甲

盔甲是一种更稳固的防御配件。最好的配件则是锁子甲，它能为穿戴者提供很好的保护，但是价格昂贵，只有非常富有的战士才能买得起。锁子甲通常在传奇故事中被称为布林甲（Brynja）。样式通常与战士的罩衫相似，但袖子较短，刚好超过肘部或前臂中部。袖子比较宽松，使手臂可以自由活动。从本质上说，锁子甲罩衫像一个覆盖身体的大管子，手臂上有洞孔，有两个较小和较短的管子作为袖子。既可以将它套在头上，也可以将它穿上后在腰上系腰带。虽然它的整体形状很简单，但结构相当复杂。

右图　一件有衬垫的短上衣或者厚实的皮革外衣可以提供一定程度的保护，一些战士可能会在戴盔甲的时候穿上这件衣服。有衬垫的锁子甲罩衫是一种很好的盔甲，但很难证明维京时代有其存在。

锁子甲是由小金属环组成的，其结构在维京时代后期变得更加精细，通常一个环会穿过四个其他环。在一些传奇中提到了一种更复杂的"双层"锁子甲，这种情况会有两倍环，一对环要穿过另外四对。虽然双层锁子甲可以提供更好的保护，但是它也更重，这会使穿戴者疲惫不堪，并且可能使他在长时间的战斗中更易受到伤害。制造这种配件需要两倍以上的时间，并且需要更多的材料。

从时间和材料两方面来说，生产一件锁子甲罩衫是一项巨大的工程。制作这些铁环就需要大量的铁，而这材料并不便宜，盔甲制造商的时间也很宝贵。维京人的锁子甲由实心环和开口环交替组成，这些环在安装好后用铆钉固定。对接环，即铁环的两端被简单地推到一起，速度更快，因此更便宜，但更容易受到损害。

将铁环制成锁子甲是一个复杂而耗时的过程，在制作开始之前，必须先制作好铁环。实心环可以由金属片打成所需的厚度，而开口环则用铁丝制成，把铁拉过一系列越来越小的孔，最终形成一根粗大的铁丝，然后将其切割成所需的长度。在维京时代晚期制造的更精细的锁子甲更轻，但由于铁丝必须被拉动更多次，所以制作时间更长。

额外保护

可能有些锁子甲罩衫会有一个衬底，也许是皮革或厚垫布，但大多数只是一件普通的锁子甲罩衫。这种衬底可以很好地防止斜擦伤口或微弱的攻击，因为它可以防止身体被锋利或尖锐的武器刺伤，而且还可以减弱斧头或剑刃的冲击力，从而使战士在这样的攻击下可以幸存下来。即使锁子甲没有被损坏，重击仍然可能造成严重的伤害，因此战士需要某种额外的保护。

很可能有一些战士在锁子甲下面穿上加垫的上衣或者类似的衣服，但关于这方

右图　由于前面有一面盾牌，头部和肩部有一个很好的头盔保护，头盔上面还附有锁子甲，维京勇士即使买不起锁子甲罩衫，也能得到很好的保护。

> **"放弃荣誉和正直来换取不公正和贪婪，
> 这是不对的。"**

面的证据很难找到。人们在一具骷髅的腿骨上发现了坏了的锁子甲的痕迹，表明有强大的重击使锁子甲直接穿过他的皮肤和肌肉。某种加垫可能阻止了更多这种情况的发生，而这对当时的战士来说是司空见惯的。因此，虽然没有相关考古证据，但维京时代的战士们很可能知道如何充分保护自己。

对于那些买不起一件合适的锁子甲罩衫的人来说，较少或根本没有保护是危险的。一件厚皮革衣或皮背心可以抵御不怎么厉害的攻击，甚至可以防止斧头或剑的攻击，并吸收一些冲击力，但长矛或剑会直接击穿这种盔甲。

头盔及头部保护

下图 一些维京人头盔有保护上半张脸的作用。护鼻条只增加了很少的重量，但能大大改善保护效果。对眼睛的保护可能没有增加太多的实用性，更多的是为了恐吓敌人。

在关键部位增加少量的锁子甲可以提高这种轻型盔甲的实用性。许多攻击针对头部，所以获得一些头部保护可能是最有效的措施，而不是购买整件锁子甲罩衫。一些头盔上附有锁子甲，其覆盖在颈部和肩膀上，因为这些部位会经常受

到重击。

　　一个戴着好头盔的战士比一个没有头盔的战士能得到更好的保护，而且头盔比锁子甲罩衫要便宜得多。

　　一些维京人的头盔上附有锁子甲，但所有头盔都没有角。与维京勇士普遍相关的"有角头盔"只是一个传说。即使不在战场上，这种有角头盔也会成为一个严重的障碍。角会钩住船上的绳索或者其他维京人的头盔，导致人们纠缠在一起，也许在发现敌人之前就开始内斗了。而且这些角还会使头盔失去平衡，使其更容易掉下来。

　　在战斗中，本来打偏的攻击会打在这些突出的角上，这会把佩戴者的头打得很痛，或者把他的头盔打下来。它们甚至可能把本来打空的攻击转到头盔上。所有这些都会令佩戴者更易受到伤害——头盔应该是用来减少这种伤害的。因此对于实用主义的维京勇士来说，有角头盔的想法很可笑。

　　大多数维京人的头盔是由几个金属片固定在一起而不是由一块金属片锤打成型

的。后者更坚固，但更难制作，这可能解释了为什么维京人更偏好制作头盔。通常头盔是以一个圆形铁带为基础，一对铁带交叉并铆接在主环上。皮革可以固定在上面，以提供适度的保护，如果是铁板则更好。这样就形成了一个坚固的金属圆顶来保护头部。

一些头盔上会有带眼孔的面具用来保护眼睛，这实际上就是一副没有镜片的金属护目镜。这种保护措施可以有效地防止剑擦伤脸部的危险，但是利剑或矛尖刺向眼睛的时候，仍然可能会伤害到眼窝。这种情况并不一定比其他情况更好，无论如何，指向眼睛的任何外力都可能会击中佩戴头盔者的脸。

不管护眼装置的相对优点是什么，它的存在可能纯粹是为了恐吓对手。大多数头盔都没有这种保护措施，不过鼻梁上的护条却很常见。它是在脸部前方向下的一个垂直凸起。同样，它对于防御割伤或其他面部攻击很有效，但对于刺伤就没那么有效了。

头盔并不是简单地戴在佩戴者的头上。如果是这样的话，那么它可能只会对致命暴击提供一些保护，碰上与剑或者斧头坚硬的攻击，效果上与直接攻击头骨没有什么不同。头盔的圆顶通过内部的衬垫与头部保持距离。衬垫进一步缓冲了攻击力，这样佩戴者头部受到的攻击力稍微减弱，伤害减小。因此头盔通过防止尖锐的刀锋伤害到头部和削弱一些攻击的冲击力来保护佩戴者。

当然，头盔只有在戴着的情况下才会有用。尽管很少有考古证据能够证明，但很可能大多数维京人头盔都配有一根下颔带固定在下巴处。像在大风天戴帽子一样把头盔扣得紧紧的，但这只能起到一定的作用——第一次水平攻击就会把头盔打掉。战场上很快就会到处都是掉落的头盔，而战场上的幸存者肯定会开始寻找其他方法来保护头部。除此之外，一顶制作精良的头盔非常昂贵，它的损失可以抹去一名战士从远征中获得的所有利润。

沉重的攻击

战士的个人保护，即他的头盔和锁子甲，是一种生命保险，但它们本身也很重。这种盔甲的重量在拿起和携带时比在穿戴时更为引人注意。锁子甲罩衫的重量分布相当均匀，由肩膀和臀部承担，并用腰带固定。一件好的锁子甲罩衫可以让人自由行动，而且可能会觉得只是穿起来很累，但不是很重。

盔甲虽不会让任何特定的动作变得更加困难，但却会让人在每次迈步或挥剑时消耗更多的能量，从而变得更加累人。疲劳也是会杀害人的，一个疲惫的战士是无法对一次良机做出快速反应的，从而会错过赢得战斗的机会。同时，他会更容易被攻击。虽然盔甲并不能提供完全的保护，但是当战士经常移动的时候，就很难有那种利落的打击来攻击他的盔甲。随着战士劳累，速度减慢，即使他的盔甲还在，他也会更容易受到重击致死。

　　身体的某些部位是没有锁子甲和头盔保护的，包括小腿和手臂，以及在许多情况下面部也得不到保护。因此，盔甲在战场上绝不是安全的保证，即使是那些有能力的人，有时也会把它遗弃。如果要在拿盾牌和穿上锁子甲罩衫之间做出选择，维京人会选择盾牌。当然，他的武器比这两样都重要。

左图　在维京人的墓葬里发现的剑和斧头。一个人与他的武器和手艺工具被一起埋葬是很常见的。在墓穴中发现一把剑或斧头并不一定意味着墓主是一位职业战士——大多数维京人都拥有武器。

左图 这幅雕刻描绘的是铁匠雷金正在重新铸造西格德的断剑。有些修理非常粗糙，但是一个熟练工匠可以恢复剑的战斗力，这比锻造一件新武器划算得多。

剑

　　剑是维京人最著名最珍贵的武器，这种武器很难制造，而且比矛头或斧刃消耗更多的优质铁材料。因此，剑极其昂贵，常常作为传家宝。一个人是准备把剑放在自己的墓葬里，还是传给长子，这个决定一定非常困难。

　　典型的维京剑比较短，而且很轻。电子游戏和某些电影往往描绘维京人挥舞着类似于带手柄的像冲浪板似的东西，但在现实中一把巨大的剑是无法控制的，因此它在战斗中是一种负担。为了达到效果，必须在合适的时间配合良好的身体条件进行攻击，剑刃可以刺穿对手，剑身也可以攻击对手。然后可以拖动或推动切口来加宽或加深伤口。不管攻击是否成功，都必须收回武器，也就是说把剑收回到可以用来发动更多攻击的位置。

　　武器太重会很难在正确的时间、朝着正确的方向移动，并且使用者会在试图收回武器时失去平衡。虽然这样的剑可能会有很强的破坏力，但是如果持剑者暴露在其他敌人的攻击之下，或者对手有盾牌或盔甲保护的话，这就没什么用了。

维京剑设计简单，通常与盾牌一起单手使用。剑身的设计主要是为了用两边的剑刃进行猛烈的攻击，尽管剑刃很长——当剑垂直握在手中时，朝向自己的那条边会被更多使用，这在后来被称为"真刃"。剑也可以刺人，尽管大多数剑的尖端有点圆，需要相当大的力量才能刺入身体。相当粗糙的单刃剑确实存在，但它们并不普遍。

剑通常长约 1 米，包括平衡剑刃的手柄。这些剑不是"击剑"，它们既用于攻击也用于防御，而且几乎没有对手部的保护。但有些剑会设计一个横挡，这样可以防止对手的剑刃滑向自己手中。横挡不太可能像后来的剑术风格（如中世纪）那样用来困住对手的剑，因为维京人并不以这种方式作战。

剑是由不同的部分组成的，其中最重要的部分是剑刃。为了制造出具有必要的硬度和灵活性的剑刃，人们会使用一种称为花纹焊接的复杂工艺。通过编织成分略有不同的铁条，

下图　剑柄通常被手掌握着，是剑的重要组成部分。如果剑柄很薄，可能会折断，导致剑片与武器的其余部分分离。弯曲的剑身也会使武器无法发挥其作用。

剑匠创造了一个条状物，然后将其加热、锤平，这样一个剑刃就被制作出来了。随着炼钢工艺的改进，花纹焊接在后期变得不那么常见，尽管仍然有些剑为了装饰的需要而采用这种方式制作。花纹焊接的剑刃足够强大，在战斗中仍然有用，而较软的剑刃会弯曲，但因为有足够的韧性，也可以经受住攻击。剑刃一开始都很锋利，但是很快就会变得不那么锋利了，所以剑刃通常是用坚硬的钢条做成的，这样使其可以更长时间地抵御钝化。

　　一把变钝的剑仍然可以作为金属棒使用，但需要消耗更多力量才能给对手造成伤害。更严重的是剑会在战斗中弯曲，甚至折断，令其无法使用。即使是幸存下来的武器，在经过艰苦的战斗后也需要维护，在许多剑的一生中，要进行多次修理。考古中已经发现了一些明显被折断过并重新锻造的例子，这比用生铁打造新的剑要省力得多。

　　在剑刃的尾部有一个凸出物，叫柄脚，它与单独制作的剑柄相连。损坏的剑柄可以更换，弯曲或断裂的剑身也可以更换。在漫长的使用生涯中，一把剑可能两者都会更换，就像谚语所说的"永恒的扫帚，有七个新头和三个新轴"。与扫帚不同，剑有自己的特征，而且常常有名字，因此尽管会替换一部分部件，但它的精神可能仍然代表着武器整体。

右图　手柄可以用来钩住盾牌或者进行攻击，但它的主要功能是平衡剑刃。因为剑身过重则难以控制，持剑者容易受到伤害。

"可以预料，一个心事重重的人不会总是足够谨慎。"

剑鞘

剑会装在剑鞘里受到保护的同时也能防止意外伤害到身边的人。在传奇中多次提到没有剑鞘的剑给持剑者带来了不少麻烦。然而，在进入战斗时战士会从剑鞘中拔出剑，并将剑鞘挂在手上的绳索上，这也是一种相当普遍的做法。他可以先用长矛战斗，当长矛断裂或卡在对手手上时，就把它丢掉，然后立即拿起手中的剑作战。

剑鞘也会不时地造成一些问题，不止一个传奇英雄会在需要的时候发现他的武器卡在剑鞘里。目前尚不清楚这些挫折是否只是精彩传说的一部分，是否只是给主人带来了额外的问题需要克服，还是说这是一种普遍现象。不管是哪种情况，一个正努力拔出武器的战士也就正处于严重的危险之中。

剑鞘是用木头做成，通常以羊毛为内衬，在顶端有一个金属缺口，以防止剑刺

穿末端。有些剑鞘会在喉部用金属加固，以帮助它们保持形状。也许这就是武器被卡住的原因——剑鞘的喉部变形会把武器卡在里面，或者在战斗后难以收起来。

剑鞘通常带在腰上，特别是在维京时代后期。早期常见的做法是将剑鞘系在肩带上，挂在腰上，有时也挂在背上。虽然在传奇故事中有提到战士们背着他们的剑，并把它们拉到肩上，但那些都是普通的剑，而不是必须以这种方式携带的双手长剑。维京人之所以不喜欢这种长的武器，也许是因为他们缺乏一种不会断裂的冶金材料。双手握剑有时会用来增加挥剑的力量，但是专门为双手使用而制造的剑并不是维京人的武器。

左图 这把现代复制品展示了看似简单的维京剑。虽然制作工艺不复杂，但这种武器坚韧且具有杀伤力，如果保养得当，可以使用几十年。

刀和匕首

从某种程度上来说，剑就相当于一把笨拙的刀，制作方法也差不多。然而，制造一把好刀要快得多、简单得多、成本也低得多。而且由于刀身较短，又不会像剑刃那样受到压力，即使是用相当劣质的铁制成的刀，也能用很长时间。这在传奇中，有几个例子可以证明，战士们不得不狠狠地踩踏他们的剑以使其变直，但一把刀可以一直使用，直到刀刃断裂。

右图 匕首介于刀和剑之间，作为一种近身武器很有用。匕首制作起来更容易，使用的金属量也更少，因为比剑更便宜，但也可以以类似的方式使用。

上图 这种刀是用来工作的，而不是用来打架的，维京人几乎都有这种刀。它可以用来消灭对手，也可以作为最后搏杀的武器，但它主要被当作一种日常工具使用。

刀是吃饭、工作和偶尔的血腥暴力不可或缺的工具。在战斗中，它算不上什么武器，但有一把小刀当然比什么都没有要好。介于刀和剑之间的是一种叫匕首的武器。这是一种简单的短剑式武器，只有一个刃口，没有护手，被水平地装在一个挂在腰带上的刀鞘里，刀刃朝上。

匕首有时可以作为剑的廉价替代品，而且那些能买得起一把好剑的人通常也会携带一把匕首。如果长矛、斧头或剑丢了，它也可以作为备用武器，并且可以像剑一样与盾牌一起使用。它也可以像刀一样在与对手搏斗时使用。据说一些维京勇士和传奇英雄更喜欢用匕首近距离作战，而不是使用剑或更大型的武器。另外一些人则在关键时刻拔出匕首来了结对手或者逃离危险的处境。

斧头

维京人的标准手持武器是斧头，它比剑要常见得多。斧头不需要复杂的金属加工或高质量的钢材，因为斧头的刀刃不像剑那样承受着压力。因此，它们便宜得多，而且在许多情况下，更具成本效益。一把剑只有一个用途——与他人搏斗，但是如果需要的话，斧头也可以砍伐木材或用于类似的工作。

为战争制作的斧头与日常工具有所不同。战斧通常更轻更薄，因为作战时人力的恢复不如伐木时快。斧头的设计一般都很相似，尽管战斗用的斧头通常都有"胡须"，斧头的下面很修长。这对钩住对手的盾牌很有帮助，并增加了头部的重量以增加冲击力。

斧头是一种劈砍而非切割的武器。它的刀刃可以通过集中力量来增加攻击的效果，但是武器的设计目的是了深入身体，而不是将其切开。实用性在很大程度上取决于冲击力，如果要使冲击力最大化，斧头的设计就很重要。斧柄的长度必须与使用者的手臂相匹配，从而产生一个良好的挥舞弧度，而且必须将重量集中在刀刃后面，这样才不会使斧头变得笨重。

因此，维京人的斧头肯定不是粗制滥造的。虽然没有剑那么有名，但它们使用起来却非常有效，而且制作精良。斧头是套筒式的，头部有一个孔。更多原始的斧头，其头部是用绳索绑住的，使其在行动中的效果要差得多，特别是在面对穿着盔甲的对手时。然而，即使是一把做工精良的斧子也可能在战斗中散架。在传奇故事中，有不少斧身与斧头分离的例子，这通常会对持斧人造成直接伤害。

典型的维京人斧头是单手挥舞的，通常与盾牌一起使用，并且只有一个刀刃。电子游戏或电影中常常描绘的巨大双刃斧只是幻想。维京人的斧头可能不带刀鞘，但确实是一种简单且完全有效的武器。把斧头插在腰带上并不难，而且这样携带也相当安全。但把斧头挂在腰带上，那就是另一回事了，

上图 虽然没有剑那么有名，但斧头仍然是值得珍视的武器。这把斧头的装饰很精美，但并不排除它是一种武器而不是仪式用品或装饰品的可能。

上图　这些斧头复刻品的头部只有轻微的"胡须"。有些设计的下切面有非常明显的拉长。左边的斧头刀刃的弧度是经过深思熟虑设计的，刀刃与挥舞的弧度保持一致。

因为即使它不够锋利，也会晃动并伤害到主人的膝盖及其周围。

斧头也可以有其他携带方式。一些传奇英雄，可能是一些维京勇士，会在他们的盾牌中携带斧头作为备用武器，当主武器丢失或被投掷到对手身上时，就会拿起备用的斧头。它们也相当隐蔽，比大多数剑都要短，可以藏在斗篷下面，直到持有者准备好用其攻击。

长柄斧头也有人使用，有时作为工具，有时作为武器。长柄斧头需要双手操作，所以盾牌不得不被丢弃或挂在背后。这使得战士容易受到攻击，特别是在箭和投掷的长矛面前，但斧头更大的攻击范围和力量可以抵消其他武器的攻击。在拜占庭服役期间，长柄斧头成为瓦兰吉卫队的标志性武器，并被各种受维京人影响的文化所采用，其中包括英国人。

在许多方面，单手或双手使用的斧头比剑更能穿透盔甲。杠杆作用、重量的集中和锋利的刀刃相结合，使斧头更有可能切开头盔或将佩戴者打得失去知觉，在传奇故事中有很多这样的例子。关于斧头被扔出去的描述不太常见，尽管这种情况偶尔会发生。当这种情况发生时，这似乎只是战士的权宜之计，而不是有计划的战术，这表明斧头通常不是作为投掷武器被使用的。

长矛

长矛是另一种常见的维京武器，因为它不仅便宜，而且制造相对容易。矛需要一根好的矛杆，而木头比金属更容易获得。矛尖只需要少量的金属材料，制作起来并不复杂。大多数维京人的矛尖设计简单，呈叶状，不是特别长。然而，一系列其他的矛式武器也曾有人使用。

一些武器的名称在传说中被翻译成"戟"以及其他在那个时代不存在的武器类型。这是可以理解的，因为译者会把这些武器与他们熟悉的武器相比较，但这可能

右图　这个矛尖是用青铜制成的。青铜比铁更容易变形，因此不适用于制作长刃武器，但是由于矛尖不会像长刃那样承受同样的压力，因此能够使用更长的时间。

左图　这幅描绘莱夫·埃里克松登上新大陆的情景画颇具戏剧性，画面显示他的主要武器是一把长柄斧头，备用武器是一把剑，腰带上还竖挂着一把匕首。这种做法可能存在错误。

会引起混淆。一些手持长矛的英雄被描述为用长矛砍人，但是标准的矛尖并不符合这一功能描述。

虽然用叶形矛尖的刀刃砍人是有可能的，而且刀刃很可能被磨得很锋利，但更有可能的是，这些英雄是用另一种矛作战的。一些战士可能使用宽头长矛，这与英国的长柄矛或类似的武器有些不一样。这些仍然可以进行有效的刺击，也可以在剑或斧头无法达到的距离砍伤对手。这些被称为"砍矛"，给了持用者更多的选择。

维京人的长矛并不长，矛杆的长度通常不超过 2 米。它的射程很远，但仍然相当容易使用；许多长矛手会一手拿着他们的武器，一手带着盾牌，这在使用很长的武器时是很难做到的。长矛在自身重量下容易弯曲，导致矛尖摆动，难以瞄准，而且也使手臂非常疲惫。但维京人使用他们的长矛却不用担心这个问题。

下图　长矛可以投掷使用，但它更多是在手中使用。手上的长矛很有威力，会使持矛者比拿着斧头或者短柄斧的人更有优势。长矛也可以由熟练的战士在近距离战斗中使用。

长矛有时会被一些战士使用皮条投掷出去，以此获得更多的力量，从而扩大攻击范围。然而，这是一项相当专业的技能，并且有一个缺点，就是战士的长矛供应往往相当有限。一旦他扔掉了手中的武器，他就只剩下剑、斧头或匕首。当然，除非敌人决定把它扔回给他。

弓和箭

投矛是战斗中的一个传统开场动作，例如奥丁在华纳神族的战斗中第一次大投矛。不管投掷的好坏是否注定了敌人的失败，在接近并使用手持武器之前干掉他们中的一些人是一个不错的选择。然而，对于维京人来说，最主要的对峙武器是弓箭，而不是长矛。

维京人没有像后来的一些军队那样集结大规模的弓箭手，但射箭仍然是一种有用的战术。

　　他们用弓箭打猎，有时也会带着弓箭参加战斗。他们会向敌人射击，直到两队人马接近，然后手持武器作战——在维京部队中没有专业的弓箭手。

　　弓在海上战斗中非常有用，可以扩大船上战士的攻击范围。虽然海战的决定性阶段包括登船行动中的肉搏战，但在登船前则可用弓箭摧毁敌船。

　　典型的维京人的弓没有太大威力，拉重为 36 ~ 45 千克。这将使有效射程达到200 米，经常使用这种弓来打猎的人能够在这个距离内击中任何一个人。大多数维京人的弓的结构可能相当简单，由一个大约 2 米（6.5 英尺）长或更短的弧形木条

左图　维京人并没有在他们的军队中部署一支专业弓箭手部队。任何拥有弓箭并且熟练使用弓箭的人都会在与敌人近身肉搏之前向敌人放几箭。

制成，材料可能是紫杉、榆树或白蜡木。有人认为，维京人可能使用了反曲弓或由牛角和木头构成的复合弓，但即使有人会用这些弓，也不可能很普遍。

格斗技巧

正如前面所提到的，典型的维京勇士不是职业的战士，但在成长过程中会接受一些武器训练。这些人会经常狩猎和玩像摔跤一样的男子汉游戏，因此具有强烈的战斗精神。他可能有也可能没有头盔，拥有盔甲的可能性更小。

大多数参与袭击或争斗的战士的武器可能是长矛和盾牌，再加上一把斧头或匕首用于近身战斗。有些人可能会把盾牌挂在背上，以便双手使用长矛，但一旦发生近距离战斗，大多数人都会在盾牌的保护下进行战斗。

用剑和盾牌以及斧头和盾牌作战的技巧非常相似（也适用于匕首），通常的方法是靠近对方，以攻击为掩护，迫使对手进入防守状态，进行一系列的攻击，然后暂停攻击对手，为下一次交锋做好准备。如果对手被击倒，战士就会转移到另一个目标上；如果没有，他可能会与同一个敌人进行一系列这样的交战，直到战争的纷乱将他们分开。

快速移动和进攻是维京人战斗风格中的重要组成部分，并在许多方面起到了很好的防御作用。一个在猛烈攻击面前退缩的对手很容易被杀死，即使是一个意志更坚定的人，在被迫集中精力进行防守时，也会处于严重的劣势。攻击者一旦以这种方式获得主动权，就可以选择何时何地发动攻击，从而有更好的机会突破对手的防线。

短暂的交锋，然后中断，战士能够恢复体力，观察四周的形势，并协助陷入困境的战友。这也减少了他被投机取巧的对手从侧面或背后包抄的机会，他还能够移动以防止这种情况发生在激烈交战的战友身上。

剑和斧头的攻击往往是向下的，有时直击头部，有时斜击肩部和颈部。这样的攻击具有重力辅助攻击力量的优势，而且比向上方攻击更为常见。横向攻击也会发生，但通常是打在身体上。

砍腿似乎是一个非常常见的战术。这可能是由于盾牌和头盔的保护，使砍伤身体和头部变得困难。攻击者的盾牌也会影响他可以砍伤的对手的位置；对高空攻击的合理反击是举起盾牌进行防御，并向较低的目标方向发起自己的攻击。

近身肉搏战

在很大程度上，突破盾牌防御就是维京人徒手搏斗的本质：一种方法可能是用重击将其击碎，但这费时费力；另一种更有效的措施是让对手把它移开。可以用剑刺向脸部迫使将对手将盾牌往上举，然后砍伤对手的腿部。或者，手持斧头的战士可以利用盾牌来对付其主人，方法是钩住盾牌，用刀刃拉动，而剑客可以用他的剑柄作为钩子，用力一拉，会将盾牌使用者拖出原来的位置，如此便可顺势出手，打对手个措手不及。

这种技术衍生了另一种变形技术，也很有效：把持盾者拉到前面，然后用斧头柄刺向他的脸。即使斧头的刀刃没有砍到对手，斧头也会对敌人造成痛苦的伤害。他很可能会因为这次袭击而后退，并在持斧者的后续行动中失去平衡。斧头也可以用来钩住对手的腿、胳膊或头。长柄武器是这方面的理想选择，

下图　这个展览中的斧头或戟刃在维京时代开始时是不存在的，但其武器技术确实在进步，随着时间的推移，新的制造技术也开始被发明出来。

"如果一个人的时代还没有到来，那么总有一天会到来。"

必要时可用于拖拽或者绊倒对手。

像大斧头这样的双手武器很可能直接砸穿一个还没能被熟练使用的盾牌。仅仅把它举起来是不够的，双手斧头的一击就能摧毁盾牌的大部分。然而，通过在攻击弧内移动，盾牌可以用来钩住武器的斧柄，使斧手在面对对手的短武器时处于巨大的劣势。长矛的刺击也可以用同样的方法抵挡，用盾牌将矛头推到一边，从而为反击长矛手提供机会。

另一种对付长矛攻击的方法是跳过它，或者跳起来落在矛柄上折断它，或者用剑打断它。有些长矛的柄上会有铁保护，以防止长矛受到攻击，但这并不能防止其被斧头或剑柄钩住并被拖到一边。

机动性对于双手都持武器的战士来说是非常重要的。如果让对手靠得太近，他可能会发现自己处于极大的劣势。特别是斧头有一个最佳攻击范围，太近的话，持用者可能无法发挥出最佳的攻击水平。他也可能发现他的武器被对手抓住，被盾牌抵御或陷入类似的控制中。在这种情况下，手持长剑、匕首甚至小刀的对手就占有了优势。但是如果战士能够保持一定的距离，他就可以选择何时进攻，如果他想靠近攻击对手，那可以引诱对手走到自己的杀伤范围。

摔跤

战士在必要时还会使用其他技术。传奇中记载，战士们如果缺乏更好的武器，就会扔石头攻击，或者把武器扔到一边与对手徒手搏斗。一个熟练的摔跤手可以逼近对手并把对手摔倒在地，或者把他扔在石头上来破除对手在盔甲、盾牌和武器方面的任何优势。

即便盔甲保护很有用，但是如果持刀者是一个熟练的摔跤手，他就可以使对手带有

右图　维京部队并不是一支训练有素的军事组织，而是一群用剑、斧头和长矛混合武装的战士。维京人在混战中表现得最为出色，技巧、凶猛、松散却有效的合作是其获胜的主要因素。

保护的肢体无法动弹，并找到盔甲没有覆盖的位置，利用这个机会进行致命一击。在格斗过程中，战士也可以使用剑柄和近在咫尺的石块等迅速攻击对手，或者采用更复杂的技术来压住或者折断对手的肢体。

许多维京人都懂得如何摔跤，因为这是他们的日常运动之一，同时也是年轻人应该学习的东西。摔跤基本上有三种类型：格里马（glima）是技法的，自由式摔跤比较松散，还有一种被称为原始摔跤，这是一种"无所不用其极"的格斗。战场格斗类最类似于这种风格，因为战士可以使用任何肮脏的伎俩用来确保胜利，从而使自己活下来。

虽然大多数维京人，甚至那些参与抢劫的人，都不是专业的战士，但是他们中的许多人都接受过一些训练，并且在以前的探险中也积累了一些经验。其中一些人可能是为领主或国王服务的专业人员，他们拥有最好的武器和装备，也会进行全职训练和战斗，他们也是任何人都必须面对的危险对手之一。

上图　这个浮雕刻画了狂暴战士的一种能力——可以同时投掷两支长矛。现代演员已经可以将这一壮举重现出来，而且效果显著，但这需要付出大量的努力才能学会。这能够帮助他们增加声望，并被赞为"超自然天才"。

狂暴战士

　　最臭名昭著和最具争议的维京勇士就是狂暴战士（berserkers）。这个词让人联想到一个广为流传的形象：狂怒的疯子，可能赤身裸体，他们只要稍被挑衅，就会灭掉眼前的一切。事实可能并非如此，"狂暴战士"这个词在不同的传说中的形象不同，所以也许有不止一种类型。

　　对于"狂暴战士"一词的起源，人们提出了各种各样的解释。一些人认为它的意思是"没穿上衣"或者"赤裸上身"。尽管"狂暴战士"赤身作战的说法早已遭到质疑，但这个词可能指的是一个在没有盔甲保护的情况下作战的战士。另一种说法是这些人在战斗中没有使用盾牌。这个词也可以表示"熊皮斗篷"或"熊皮衬衫"，可能指的是一些精英战士受赐的熊皮斗篷。

　　狂暴战士的狂怒充满传奇，但其起源却不清楚。它有可能是由致幻蘑菇或过量酒精引起的反应，或者它代表了一种解离性人格障碍，类似于在其他文化中导致某些人失控的人格障碍。这种进入著名的暴怒状态的战士就被称为"狂暴战士"。

　　一个看似合理的解释是，最初的狂暴战士是精英战士，他们战斗时极具侵略性，很少考虑自己的安全。但由于某种人加入了这样的群体，这些人可能容易因战斗的压力而引发脱离群体的行为。这可能会导致狂暴战士以杀人狂热和以同样的热情攻击同伴的习惯而闻名。

　　随着时间的推移，整个男性精英群体会与其某些成员的行为相关联，狂暴战士精英，由具备高技能和极端侵略性的战士的概念变成了一个发狂的精神病患者。有可能狂暴战

右图　在瑞典锡格蒂纳（Sigtuna）发现的一件11世纪维京战士的麋鹿角雕刻品。这个头盔的鼻条很明显，但是没有任何类似于角的东西。

士自己会利用这个形象来吓唬未来的敌人，传奇诗人也为他们的传说做出了贡献。到了维京时代末期，狂暴战士以其疯狂的凶猛和一系列的超自然特技而闻名，比如具有在剑上施加咒语使剑钝化的能力。

在许多研究者看来，一个好斗、训练有素、受到良好保护的战士能够迅速且连续击败几个对手，这种能力似乎属于超自然范围。关于狂暴战士能力的传说可能被夸大了。今天，一些武术家可以一招致胜，或者不费吹灰之力就能将人打晕。在如今这样一个充满怀疑的时代，这显然是夸大其词，但维京时代的人们可以对这些概念持更加开放的态度。

因此，狂暴战士很可能确实是一群技艺高超的战士，他们作战时非常凶猛，极具攻击性，但他们中真正的疯子比例可能相当小。不难相信，在一个人们相信世界上有众神存在的时代，一群勇士，包括一部分真正的精神病患者，以超自然的凶猛而闻名，并被认为拥有远远超出常人的能力。

第七章
远征、定居和贸易

EXPLORATIONS, SETTLEMENT
AND TRADE

维京人是伟大的探险家。早在欧洲探险家发现美洲大陆之前，他们就航行到了那里，并在现在的加拿大建立了定居点。他们还绕过欧洲海岸进入地中海，沿着俄罗斯的河流进入黑海。

维京人驾驶着一艘用桨和相当原始的帆推动的敞篷船完成了一次又一次令人难以置信的航行，这足以说明他们一定非常坚强和勇敢。当然，我们知道他们也确实如此。

然而，船桨上的勇气和力量只能起到一定的作用。维京人的许多航行都是沿着海岸线或河流的路径进行的，这会使航行变得相对简单。要想在看不到陆地的情况下穿越开阔水域，就需要某种形式的导航系统。六分仪在几个世纪后才被发明出来，当时欧洲人还不知道罗盘，但是维京人还是设法找到了方向。

有可能一些探险队只是简单起航并相信神灵，但既然船只能够可靠地进行长距离航行，就一定具备更科学的系统。对于这个系统到底是什么，人们有一些争论。太阳在一天中某些时刻的位置可以合理地解释这个系统，但这只有在太阳是可见的时候才有效。

上页图　尽管维京人使用的航海设备很简单，但对于在公海上长期航行的他们来说已经足够了。这么小的船在恶劣天气里一定是一处恐怖之所。

下图　有些传说表明维京人利用自然形成的晶体的偏振特性来确定太阳的位置，它们即使是在阴天也能正常工作。

太阳石和航海设备

一些传奇故事中提到了一种半透明的"太阳石",通过它可以看到天空。这可能是一种天然形成的堇青石晶体,当偏振光通过它时,它的颜色会发生变化。虽然人类无法看到它,但是太阳光被地球大气层偏振,其方向与太阳的位置成直角。一些昆虫和鸟类可以看到这种效果,并利用它来导航,也许维京人也是如此。

从穿过太阳石的光线的偏振来看,即使太阳不可见,也可以确定它的位置。在任何一片晴朗的天空,甚至是有薄薄的云层的情况下,都可以使用太阳石。一旦知道了太阳的位置,就可以计算出方向。这种方法并不是绝对可靠、万无一失的——冰岛最初很可能是由一艘驶往法罗群岛(Faroe Islands)的船只发现的,这艘船偏离了航线,但这种方法可以让船只穿过开阔的水域看到海岸线,然后可以沿着海岸线前进,直到看到熟悉的地标。

早在维京时代之前,水就为古挪威人提供了一种交通和通信工具,但能使他们远距离探索的一个因素是发明了带有

下图　10世纪法罗群岛长屋的遗迹。

帆船装置的船只。虽然风帆相对来说制作比较简单，但是在长途航行中，帆可以减轻船员的驾驶疲劳并给予他们休息的空闲。然而，在船员轮流操作的情况下，桨仍然可以用于长距离航行。必要时船上会分配工作，让每个人轮流做不同的工作。乘客和船员之间没有真正的区别，只有当有人花钱免去职责时才有区别。

早期的维京船使他们能够横渡波罗的海，在他们的家乡丹麦、挪威和瑞典开展袭击和贸易探险。更好的船只可以让他们穿越北海前往英格兰，或者沿着海岸线前往阿基坦和更远的地方。

定居者

820 年左右，维京人开始在斯堪的纳维亚和苏格兰之间的岛屿上定居，实际时间可能比这更早。这些岛屿在很多方面与维京人的故乡相似，并且为那些想要或需要新家的人提供了一个建立新家的地方。到 875 年，为了摆脱哈拉尔德·费尔海尔统一挪威的企图，许多维京人搬到了一些岛屿上定居，包括现在的法罗群岛、奥克尼群岛、设得兰群岛、赫布里底群岛（Hebrides）和曼岛（Mann）。

这种定居岛屿不是大陆的模式——尽管有些维京人可能确实渗透到了大陆——反映了维京人的航海性质。他们作为探险家来到这些岛屿，利用海洋与其他地方的亲属保持联系。他们没有试图建立一个伟大的国家，只是在他们发现的地方占领合适的土地。岛上的反对声远远小于大陆上的反对声，并且大陆的皮克特人和其他团体已经拥有大量可用的土地，并有能力为保卫土地而战斗。

因此，这些早期定居者并非殖民者本身，大规模维京人定居的时代尚未到来。但他们还是定居下来了，带着他们传统的生活方式，并将他们的新岛家园作为进一步探索、贸易或袭击的基地。很可能是来自奥克尼群岛的维京人在 793 年和 794 年分别掠夺了林迪斯法恩和爱奥那。

冰岛和格陵兰岛

探险仍在继续，越来越大胆的探险队向大西洋的未知海域挺进，他们走得更远。不过，一些探险队除了海洋之外什么也没发现。其他的探险队可能已经在海上消失了。而且在许多情况下，探险队发现的东西可能没有被记录下来。因此，可能在 860 年一个名叫纳多德（Naddod）的人发现冰岛之前，维京人就已经知道了它的存在。

上图 偏离航线，远离已知的水域，纳多德在 860 年左右看到了陆地——冰岛。

下页图 格陵兰岛南部地区在维京时代远比现在更适合居住。后来气候变冷使长船无法航行。

纳多德是法罗群岛的早期定居者，他的船偏离航线迷失了方向，因而意外发现了冰岛。根据一些资料记载，当第一批维京人到达时，冰岛已经有人居住。他们是来自爱尔兰的修士，当挪威人开始迁入时，他们就离开了。有一些证据表明情况可能是这样，但如果这是真的，那么生活在当地的人就只是一个小团体，而不是一个大规模的定居团体。

当维京人来到冰岛的时候，那里的气候比较温和，但是他们中第一批来到冰岛过冬的人却遇到了一个非常寒冷的年份。冰岛这个名字的灵感来自于近海漂浮在海面上的浮冰。然而，冰岛这片土地实在令人向往，以至于一些探险家报告说，每一片草叶上都滴着黄油。不久，定居者开始来到这里。他们中的第一个是英格尔夫·阿尔纳尔松，其他人紧随其后。

900—1490年维京人在格陵兰岛定居

→ 900—930年贡比约恩的路线

→ 983年和986年"红发"埃里克的路线

→ 狩猎和贸易远航航线

● 发现的挪威人工制品

埃尔斯米尔岛

铁制船用铆钉

梅尔维尔湾

巴芬湾

巴芬岛

符文石

北部狩猎场

迪斯科岛

格陵兰岛

北极圈

去马克兰岛寻找木材

1341年被爱斯基摩人占领　● 西部定居点

1380年被爱斯基摩人占领　● 中部定居点

● 东部定居点

978年，斯奈比约恩–加尔蒂试图在贡比约恩岛定居，但以灾难告终

贡比约恩岛

900—930年维京人首次发现格陵兰人

冰岛

15世纪末，最后一个挪威人定居点消亡

告别角

大西洋

N

到 870 年，冰岛有了许多个永久定居点。半个世纪之内，冰岛人口可能达到 5 万至 6 万人，占据了所有可用的土地。与此同时，冰岛成为人们进一步向西探索的跳板。930 年左右，一个名叫贡比约恩·伍尔夫·克拉卡松（Gunnbjørn Ulf-Krakason）的冰岛航海家被一场风暴吹袭偏离了航线，意外看到了西边的陆地。他没有在那里登陆，也没有任何记录显示有人从这个新世界上岸，直到 980 年左右，"红发"埃里克发起了一次探险。

"红发"埃里克可能是因为血腥的行为而得名的。他为了躲避仇杀或血腥的报复离开了自己的家乡挪威，但试图在冰岛定居后不久就被法律禁止留在那里了。埃

右图 "红发"埃里克可能已经开始了对格陵兰岛的探索，因为没有其他地方可去。他在成为逃犯的那些年影响了一个小殖民地的建立，而他自己就是第一代移民。

里克的非法居留是有固定期限的；他对西部土地的探险恰好
与这种情况下的三年流放期相吻合。他回到了冰岛，但似乎
很快又被法律禁止了。于是他带领一支新的探险队来到他发
现的土地，将其命名为格陵兰岛（Greenland），并在那里定居
了下来。

上图 "红发"埃里克的
儿子莱夫，他登陆美洲
的时候，将维京人的探
索范围推到了有史以来
最远的西方。

　　正如已经指出的那样，当时的气候比现在温和，格陵兰
也许配得上"Green"这个名字。当然，埃里克定居的南端是
完全适宜居住的。然而，这里缺乏用于造船和其他建筑的木
材，随着人口的增长，人们开始渴望寻找比斯堪的纳维亚半
岛或苏格兰群岛更近的木材来源地。

美洲、欧洲和俄罗斯

　　美洲很可能最早是由比亚尼·赫约尔松（Bjarni Herjolfsson）
发现的，他的父母就是和"红发"埃里克一起去的定居者之一。
这对当时已经成年的比亚尼来说是个惊喜。他的父母离开冰
岛时，他还在挪威。他试图前往格陵兰岛与他们会合，但被
一场暴风雨吹离了航线。看到陆地后，他决定进行调查，尽管
他确信那不是格陵兰岛。比亚尼航行到海岸附近，但没有登陆。

下页图 对新大陆的探
索只是由少数几艘船进
行的，而且从来都是浅
尝辄止。现在还不能确
定维京人到底深入内陆
多远，也不能确定他们
到底在哪里登陆。

格陵兰岛

巴芬岛

赫卢兰

986年维京人在
格陵兰岛开拓了殖民地

西部定居点

东部定居点

中间定居点

1000年，莱夫·埃里克松调查了
赫约尔松的观察结果，在沿海
某处建立了定居点

952年，比亚尼·赫约尔松被吹
离格陵兰岛航线，看到了陆地，
并沿着海岸线航行

北部边界的树木

马克兰

拉布拉多

格陵兰岛

冰岛

挪威

大西洋

兰塞奥兹
牧草地

贝尔岛
海峡

纽芬兰

圣劳伦
斯湾

新不伦
瑞克

爱德华王子一世

新斯科舍省

大西洋

圣劳伦斯河

科德角

985—1020年，维京人航行
至冰岛、格陵兰岛和北美

挪威人定居地

985年比亚尼·赫约尔松的航行

1000年莱夫·埃里克松的航行

推测的挪威人航行

"游历广泛的人需要聪明才智，愚蠢的人应该待在家里。"

在确信这确实不是他预期的目的地之后，比亚尼乘船前往格陵兰岛，并在那里讲述了他所看到的一切。"红发"埃里克的一个儿子莱夫·埃里克松（Leif Eriksson）是第一个在美洲登陆的维京人，他带领一支探险队去探索了这片新大陆。他在这里确定了木材的存在，并制订了定居计划。

与此同时，维京人的探险一直在向其他方向移动：从陆路经过现在的芬兰可以到达俄罗斯，从丹麦南部可以到达中欧，从波罗的海和北海的南部海岸可以到达欧洲的更多地方。特别是他们与陆地边界的联系，已经持续了几个世纪。维京探险队逐渐变得更加野心勃勃，最终与君士坦丁堡甚至巴格达建立了相当频繁的联系。

河流是维京探险家和商人长途旅行的关键。从波罗的海的东端，即现在的芬兰湾出发，涅瓦河（Neva）提供了通往拉多加湖（Ladoga）以及奥涅加湖（Onega）的便捷通道。从这个便捷通道可以到达伏尔加河，沿着伏尔加河可以一直航行到里海，尽管会遇到一些困难。伏尔加河的支流开辟了一片广阔的土地，可以到达不少地方。

维京探险队沿着伏尔加河而上，具有斯堪的纳维亚血统的人们从 750 年或者更早的时候就生活在当地人中间。有些是商人，有些是雇佣兵，有些只是工匠和农民，他们因为某种原因而搬迁到那里。有人声称，俄罗斯的许多重要城市是由维京人建立的，尽管这个说法仍然面临不少争议。

众所周知，斯堪的纳维亚人在某些地区被称为罗斯，但到底是因为现在的俄罗斯人口众多或者至少被斯堪的纳维亚人统治着，还是因为远方的人们并不真正知道俄罗斯本地人和斯堪的纳维亚人之间的区别，这仍有待商榷。众所周知，维京人在拉多加湖周围的定居点从维京时代开始就存在了，而更小的群体则生活在俄罗斯更为偏远的地方。从

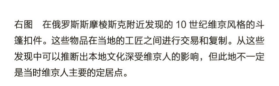
右图　在俄罗斯斯摩棱斯克附近发现的 10 世纪维京风格的斗篷扣件。这些物品在当地的工匠之间进行交易和复制。从这些发现中可以推断出本地文化深受维京人的影响，但此地不一定是当时维京人主要的定居点。

这个地区出发的贸易探险范围很广，只要有一条大河，他们就可以进入。

维京人穿越欧洲的另一条主要贸易路线是沿着第聂伯河航行，最终进入黑海。这条路线上有几个定居点扩展成了大城市，基辅（Kiev）和诺夫哥罗德（Novgorod）就在其中。维京人的影响在这些城市的发展中发挥了不少作用，在某些情况下，维京人的领袖被认为是这些城市的建造者。

沿着奥得河（Oder）进行贸易的欧洲内部路线，提供了更多的可能性。从这里可以与美因茨—克拉科夫—基辅（Mainz‐Cracow‐Kiev）的陆上贸易路线相连接，或者进入多瑙河，然后进入黑海。当然，由于黑海与地中海相连，维京人从而能够与北非进行货物贸易。

克服障碍

欧洲的主要河流使这一切成为可能，尽管维京人也付出了巨大的努力。在一条大河上航行有时很容易，在那里一艘

下图　一艘小船可以通过陆路从一条水道进到另一条水道。但移动像长船这样大的东西更费时费力，而且也会使探险队更容易受到攻击。

以桨驱动的船可以在相当深的水域中平稳前进。然而，总会遇到急流和浅滩这些障碍。一个不如维京人勇敢的民族可能会因为难以通过这些障碍而退缩，但是解决的方法还有一种，那就是维京人所采用的——克服障碍。

有时候人们可以先在船头用杆子测试水深，然后将船从危险的岩石上推下，小心翼翼地让船通过。或者，在一个障碍物周围将船上的货物卸下来，然后绕过障碍物。运输方式多种多样：小船可以由船员搬运，而较大的船只则必须被拖曳着航行。

如果没有合适的水路连接，可以用水陆联运的方式，将船只从一条河流转移到另一条河流。然后必须把货物抬上船重新装载，之后船才能开始下一阶段的旅程。然而，水陆联运并非没有风险，不仅船只可能受损或者船员受伤，而且搬运地点也是容易遭受攻击的危险之处。

维京人和当地居民建造前哨和堡垒是为了保护或者控制重要的港口。通过控制这些咽喉要道，国王或其他首领可以通过迫使商人缴纳通行费来赚取收入，或者通过确保船只不会遭到伏击来保护自己的贸易利益。许多港口、堡垒发展成为城镇，并凭借自身实力成为重要的贸易场所。维京商人给他们必须谈判的港口都取了名字，其中许多至今仍在使用。例如第聂伯河有七个主要的急流，其中大部分都有斯堪的纳维亚的名字。也许当地人对他们的称呼有所不同，但是在有了维京人的名字后这些称呼便已经成为历史。发生这种情况有很多原因，但最有可能的是维京商人在广大地区与许多人进行了广泛交流，并告诉其他潜在的探险队成员他们计划中路线的危险性。最终他们的命名比当地居民使用的名称得到了更加普遍的应用。

陆路贸易

维京人的贸易也经过陆路，远离了河流及其支流。尽管在大多数情况下，探险队不会去距离船只到达之处很远的地方，但陆路旅行可以进行相当长的距离。这方面的一个例子是与丝绸之路的陆路连接。离开向南的伏尔加河，商人们可以冒险穿越沙漠，最终到达咸海附近的丝绸之路。从那里可以相当容易地到达巴格达，并且可以接触到远道而来的中国商品。

目前还不清楚维京商人是否沿着丝绸之路去过远东，但可能性不大。在斯堪的纳维亚半岛发现了来自丝绸之路沿途各地和阿拉伯世界的硬币和其他货物，但这些东西更有可能是来自巴格达或君士坦丁堡的贸易，而不是来自丝绸之路的探险。然而，维京人是一群喜欢冒险的人，也并非不可能进行一次非常远的远东探险之旅。

　　大多数参加这些探险的队员根本不是商人，而是农民或工匠，他们希望确保自己获得的物资能够满足需要。一次探险可能会让一个人离开家很长一段时间：从斯堪的纳维亚半岛航行一年到冰岛，在冬天待上几个月，然后等天气好转才回家，这种情况很常见。尽管如此，只要商人的土地或生意在他不在时能得到照顾，一次成功探险对他们来说就是值得的。

　　专业的人确实存在，许多维京贵族会进行贸易探险以寻求利润。其他人则通过不同的方式从贸易中获利，例如控制贸易路线上的关键点，或者确保商人在贵族的领土上而不是在竞争对手的领土上做生意。正是贸易促成了第一批城镇的建立，维京人在城镇贸易，他们的生活方式相当分散，集中的、城市化的人口在当时被认为是不可取的。

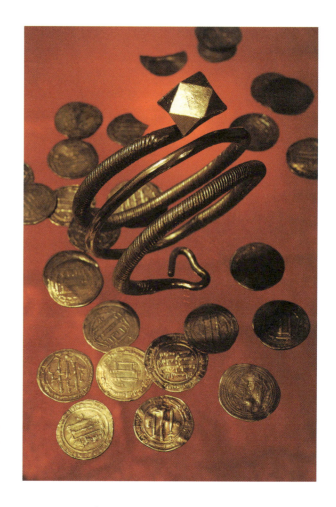

右图　制作这个手镯的材料是从遥远的地方通过贸易进入维京人的领地。有些物品是在探险时直接获得的，有些物品则是在长途旅行中几经易手才取得的。

"年轻人之所以一事无成，是因为他们每次都高估了障碍。"

贸易城镇

对于许多生活在贸易城镇的维京人来说，城市化可能并不是他们特别想要的。生活条件不如分散的农场健康，生活方式也有所不同。但是贸易城镇是必要的，它们出现在明显符合逻辑的位置，有很好的陆路、水路或连接两者的通道，有时还受到沟渠、土墙和木制栅栏等防御工事的保护。

按照现代甚至中世纪的标准来看，这些贸易城镇并不算大，人口不到 1000 人，但它们仍然代表着一种不同寻常的人口集中模式。与典型农场的情况相比，像剑匠这样的专家所占的比例更大。在贸易城镇工作，工匠能够通过贸易获得材料，也为他的产品提供了更广阔的市场。城镇的繁荣也意味着更多的人有闲钱购买非必需品，而且城镇的中心地理位置意味着他们可以就近获取所需之物，而不需要去偏远的农场从手工艺者那里购买。

贸易政策是复杂的，有时甚至是血腥的。贸易纠纷或抢劫经过该地区的探险队并不是城镇仅有的危险。维京贵族可能会发现自己在贸易控制问题上存在分歧，进而造成冲突。一般来说，贸易控制是通过创造有利条件和合适的场地来实现的。前者意味着城镇需要保持相对的稳定和法治，让商人生活更加轻松，因此法律要求当地居民帮助船只靠岸过冬和完成其他繁重任务。

一个合适的贸易城镇是国王或贵族从贸易获益的最好保证。808 年，丹麦国王戈弗雷德（Godfred）建立了赫德比（Hedeby）。这笔费用无疑是巨大的，但这笔投资的回报是它的好几倍。赫德比拥有波罗的海贸易和陆上交通的通道，成为遥远的君士坦丁堡商人所熟知的贸易中心。通过吸引贸易，戈弗雷德不仅确保了他能获得在那里销售的货物，而且还从商人支付的税费中获取了不少利益。

硬币及银币

许多贸易都是通过以物易物的方式进行的，但若使用货币，白银铸造的硬币是首选，另一种交换货币是碎银，这种银以前用于珠宝、餐具或其他用途，但后来用作货币。碎银常常是由受损的物品组成的，重要的是它的重量。"碎银"这个词来自于将银制品切碎以供使用的做法。

俄罗斯卢布的名字来源于一个意思是"切碎"的词，所以俄罗斯货币的名字可能也来源于这样一种做法，即切碎任何可用的银制品以产生足够重量的碎银来支付货款。银棒也会使用到，通常是被粗制滥造成一种形状，它比其他各种各样的银制品更容易携带，也更容易切割。与硬币相比，银棒制作起来要容易得多，而且它们的作用也是一样的。

由于碎银的价值是基于它的重量，交易者需要携带一套秤。硬币也可以通过称重来确定它们的价值。在其他时候，这是为了确定银币是否贬值为价值较低的金属，而且在维京时代，这也是必要的，因为许多商人会像切割其他碎银一样切下他们的硬币。一枚硬币的价值是由它的重量决定的。铸币在当时并不具有代表性，它的价值是内在的和绝对的。

流入维京人世界的白银数量是相当可观的，但并不是所有的白银都来自贸易。有些来自敲诈勒索，一些国家希望用钱购买一段时间的和平，而这些向维京人支付的费用就被称为丹麦金。这基本上就是保护费，向维京国王进贡以防止他们的手下对本国进行掠夺。丹麦金只有在维京国王能够有效控制他手下的时候才会发挥作用；一个王国在付了丹麦金后如果还遭到了猛烈的袭击，之后就不会再付钱了。但是当这个体系运作起来的时候，它是非常有利可图的。

下图　日德兰半岛赫德比重建的维京人定居点。大多数定居点是小型农业社区，其中居住着一个大家庭，外加一些工人和奴隶。

丹麦金为维京霸主提供了巨额收入，也让他们的战士腾出时间去做其他任务，比如袭击那些喜欢冒险的人。由于维京人大多是农民、掠夺者和商人，或多或少是可以互换身份的。通过丹麦金解放那些原本会外出抢劫的人，安排他们来耕种自己的土地或进行贸易探险，从而为进一步的繁荣做出了贡献。

下图　铸造的硬币在商业上很有用，特别是在赫德比这样的贸易城镇，但是在许多地方，铸造的硬币仍然被当作碎银来对待，切掉适当重量来购买商品。

混合商品

在维京人土地上交易的货物有的来自很远的地方，但大多是当地的。不同地区以生产某些商品而闻名。食物、毛皮、手织布料等或多或少都是能够在各地通过制造、种植或狩猎得到的，但有些物品只能通过贸易获得，比如海

下图　维京商人像当时许多其他商人一样贩卖奴隶。这个案例中的买家是波斯人，暗示着这个女奴最终将远离家乡。

> "只有懦夫才会像羊圈里的羔羊或陷阱里的狐狸一样等待被抓。"

象牙来自格陵兰岛，锡和亚麻来自不列颠群岛，优质铁主要来自瑞典，而造船用的木材主要来自挪威。

　　一些特殊商品则来自维京世界之外。玻璃和一些制作精良的武器来自欧洲的法兰克王国，丝绸来自君士坦丁堡。大部分流通中的白银也是通过河流贸易从阿拉伯世界运来的，尽管维京时代后期在欧洲的矿场开采出了大部分白银。奴隶可以在任何地方获得，但从一些资料来看，俄罗斯和东欧是主要的供应者。

出售武力

　　维京王国的主要出口"商品"之一是武力组织，武力不是只能用来掠夺探险。维京战士在整个欧洲和地中海地区充当保镖、雇佣兵和统治者的私人护卫队成员。在许多情况下，这是一种个人的临时安排，一个擅长武器和战斗的人带着自己的武器，向未来的雇主提供服务，以换取工资和食宿。

　　其中一些雇佣兵非常忠诚。在维京文化中，忠诚是由战士自愿给予的，并得到诸神的回报。如果贵族及国王虐待他的战士或者没有给予他们足够的尊重，他们可能就会发现战士把对他们的忠诚转移到了其他地方——如果他们足够幸运的话。要知道为一点小伤害进行血腥的报复并不罕见。因此，一个公平善待部下、证明自己值得效忠的君主，会发现这些士兵都非常忠心。

　　对于维京雇佣兵来说，文化并不是很大的障碍。他会服侍一位待他不薄、讲求公平的外国国王。剑等礼物将有助于巩固士兵的忠诚，只要它们不被视为只是为了收买他。比如在宴会上表扬一个人的行为，或者只是在应得的时候说几句赞美的话，这些对于维护维京人的忠诚很重要。

　　薪酬也是必要的。一个受到主人善待的人能忍受更多要求，但这是有限度的。据记载，勇士哈尔多·斯诺拉森（Halldor Snorrason）对自己的薪水感到不满，因为他的薪水是用贬值的硬币支付的，这些硬币的银含量只有三成多一点，而通常的银含量是九成。除了明显的经济损失之外，这也表明他的价值并不高。受到冒犯的哈尔多把硬币扔到了地板上，他威胁要辞职，说自己没有得到真金白银的报酬，就不愿意再服务，他的雇主也明白了这一点。此后，哈尔多的工资变成了纯银，据推测他的雇佣关系也得到了恢复。

瓦兰吉卫队

最著名的维京雇佣兵是为拜占庭皇帝服务的瓦兰吉卫队。这支卫队于988年由从基辅罗斯征募的士兵组成，当时基辅的弗拉基米尔一世（Vladimir I）派遣了6000名士兵履行条约义务，向巴西尔二世（Basil II）皇帝提供援助。这些部队在战斗中脱颖而出，随后又对被击败的敌人穷追不舍，因此这支卫队被保留了下来。

到援助巴西尔二世的战斗为止，尽管没有形成一个鲜明庞大的精英部队，瓦兰吉人已经为拜占庭皇帝服务了至少半个世纪。瓦兰吉人这个词在当时被用来指罗斯国家的人民，更具体地是指他们的统治阶级，其中就包括许多维京人。它也含糊地适用于任何维京人，或者任何看起来像斯堪的纳维亚地区的人。

左图 1014年，瓦兰吉人在巴西尔二世手下服役时的画面。瓦兰吉卫队的历史比维京时代还要长，尽管从各种渠道招募人员，但他们仍保留着其独特的身份。

对许多人来说，尽管用法不同，维京人和瓦兰吉人是同义词。

早在 911 年，甚至更早的时候，就有瓦兰吉人在拜占庭服役了。他们对这个地区的称呼和人们对他们的称呼一样含糊不清——他们把欧洲拜占庭帝国称为希腊。因此，一个"在希腊"的战士实际上可能在拜占庭帝国的任何地方或者帝国以外更远的地方为皇帝服务。这使得一些表面准确的记录相当具有误导性；确定一个"在希腊"的维京人在哪里、在做什么，就像确定任何一个"瓦兰吉人"的起源一样。

众所周知，瓦兰吉卫队成员是来自俄罗斯的维京人，他们以维京人的方式穿着、武装和战斗，曾为几位拜占庭皇帝效力，并赢得了极高的荣誉。因为他们来自拜占庭帝国之外，至少一开始不太可能卷入宫廷政治和摧毁帝国无休止的阴谋中。

虽然瓦兰吉人后来被当地文化同化，并被那些有心人利用，被有意让其参与阴谋的人想方设法接近，但他们仍然保持着忠诚不渝的名声。这很可能是文化传统和他们对所在团体充满自豪感的原因，而且他们的习俗来自维京勇士文化。荣誉和忠诚对于一个战士来说是至关重要的，他不会仅仅为了报酬而背叛他的主人。一个合理的比较就是罗马禁卫军，他们不仅是政治游戏中的一个小卒，还是一个强大的玩家，因此臭名昭著。有时只是因为皇帝在贿赂他们时不够慷慨，罗马皇帝就被本应保护他们的禁卫军赶下台。瓦兰吉人则不然，他们大部分游离于当地政治之外。

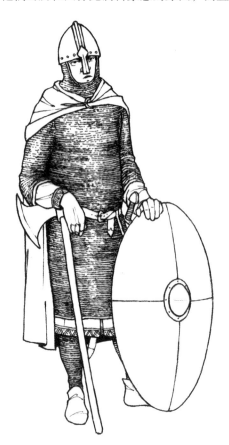

左图　瓦兰吉卫队的攻击性战术和简单而有效的武器被证明在战斗中非常有效，这为他们赢得了拜占庭精锐部队的美誉。

忠诚的转变

然而，这种可靠性并非像乍看上去那样绝对。有一次，瓦兰吉卫队决定效忠于王位而不是国王，于是参与了一场政变。瓦兰吉人还在另一个场合失去了可靠性。他们以酗酒而闻名，有时还被称为"国王的酒囊"。

瓦兰吉卫队受到高度重视，并享有国王死后洗劫宫殿的权利。每一个瓦兰吉人都有权进入国库，带走他们所能带走的东西。对许多人来说，这是一笔遣散费，然后他们就可以回家，尽管其他人还会为新皇效力。

对任何一位帝王的服务在他死亡的那一刻就结束了。例如，瓦兰吉卫队未能及时阻止约翰·齐米斯西斯（John Tzimiskes）谋杀皇帝尼基弗鲁斯二世

左图　尼基弗鲁斯二世是一位强有力的军事指挥官，但这并没有阻止他的侄子约翰·齐米斯西斯暗杀了他。瓦兰吉卫队则宣誓效忠刺客而不是为雇主复仇。

（Nikephoros II），他们到达后发现自己的雇主已经阵亡，凶手就站在他身边，瓦兰吉卫队就转头效忠凶手，并准备拥护他成为新的皇帝——就在他们完成了对国库的掠夺之后。

瓦兰吉人也有弱点：粗鲁、打架、酗酒，但是他们的忠诚和在战场上的力量是极其宝贵的。他们被泛称为"挥舞着斧头的野蛮人"，并且因能够斩断敌人防线而赢得了可怕的声誉。当然，他们并不是不可战胜的，他们比较著名的战败记录都是败给同为维京人血统的诺曼人（Normans）。

下图　在 1203 年到 1204 年的君士坦丁堡围攻战中，瓦兰吉卫队表现出色，但最终未能阻止这座城市沦陷。拜占庭帝国因内部政治纷争而元气大伤，这不可避免地导致了它的灭亡。

对于一个想要出名的年轻维京人来说，在瓦兰吉卫队服役是非常值得的。大量有抱负的年轻人前往"希腊"寻找工作，事实上，在这么多人中并不是所有人都能得到一席之地。那些被拒绝进入卫队的人通常会寻找其他雇主，因此该地区就涌入了大量战士。这种年轻人的外流引起了维京国王的极大关注，他们采取措施试图减少这种现象的发生。

国王颁布了一条法律，禁止一个人在"希腊"时继承遗产，以确保他至少可以回到家中继承与生俱来的权利。在离开瓦兰吉卫队、踏上了回家的漫长旅途后，人们都希望士兵能留下而不再远行。这项禁令虽然可能吓退了一些人，但仍不足以削弱卫队的力量。

一些著名的维京人曾在瓦兰吉卫队服役，其中最著名的是后来成为挪威国王的哈拉尔德·哈德拉达（Harald Hardrada）。1066 年，哈拉尔德之死通常被认为标志着维京时代的结束，但瓦兰吉卫队在此后很长一段时间内仍然存在。它从丹麦等传统维京人领地招募人员，也从英国等受维京人影响的地区招募人员。到了 14 世纪，维京时代早已结束，但是它的遗产之一——著名的瓦兰吉卫队——仍然以一种可辨认的形式存在着。

维京船

有人认为，造船技术的进步是推动维京人从偏远角落走向世界舞台的因素之一。当然，如果没有高标准的造船技术，维京人所进行的任何贸易、探险或袭击都是不可能的。他们在这几百年来取得了不小的成就，首先制造了小型船只，然后制造了越来越大的船，这些船能够承受北方水域的恶劣条件。

这几种类型的船只都有人使用，尽管观察者很难将它们区分开来。像四桨渡轮这样的小艇显然是一种实用船只，但稍大一点的卡菲式（karfi）则用于在沿海水域执行各种任务，包括在必要时充当军舰。当时对军舰没有特殊要求，例如军舰没有安装撞锤或其他武器，因此，任何快速和易于操作的舰艇都可以有效地用于战斗。

小型沿海船只是为在陆地视线范围内进行短途航行而设计的，并且可以在岸边行驶以躲避恶劣天气。他们通常在桅杆的中央设有一口竖槽，用来装货物。船的前后两端都装了甲板，这些区域有桨孔和划艇台。这种类型的船没有全长的船桨，这是由于船员人数较少，容易疲劳，且航行时间相对较短。

上图　一艘维京商船，甲板上有一口小槽，用来装货物（图中装的是牲畜）。商船的设计各不相同，而且有些船既是商船又是战舰，但商船可能比战舰体型更圆。

船舶术语

有关维京船只的术语有所不同，有时会被误用或者相互矛盾。海船（hafskip）是被设计为在开阔水域而不是沿海水域作业的船。作为商用的则是商船（Kaupskip）。长船（Langskip）通常是专门为军事目的设计的船只，但许多人提到的长船实际上指的是名为克诺尔式（knorrs）的船或其他类似长船的贸易船。很可能在不同的地方或时间，某些词语会被用来描述不同种类的船只，而且同一类型的船只可能在其他地方被赋予了不同名称。今天，我们将各种类型的维京船与现代船级的名称联系在一起。我们可以用等级和任何其他名称来描述一艘现代军舰，而且只能在不同例子之间找到微小的差异；反之，古代世界的工匠制造的船只就不是这样，因为一般类型的每一艘船都可能与其他的不同。

这对一个维京海盗来说并不重要。他只需要知道他的船能载多少人或多少货物，能航行多快，能用一船的物资航行多远。他熟悉他朋友的船只，也知道对手船只的名声，他可以在合理范围内通过观察来预测一艘未知船的能力。他不需要向航运登记处提交准确的规格说明，也不太关心他的船只是否比该"级别"的平均长度长 46 厘米。他所关心的只是它的适航性、能力、可靠性和速度。

许多海盗船的设计极其相似，并且可能随着他们作用的改变而改变名称。船只本质上只是一种水上运输工具和通往海岸的手段。船运送的对象可能这次是皮毛和鱼，下次则是嗜血的抢劫者。在被称为"长船"并主要由抢劫者使用的船只中，斯内嘉式（Snekkja）是最常见的，这种船比较狭窄，能载 40 人左右。斯内嘉式的设计因地而异——丹麦人建造的船吃水深度往往比在深水峡湾和公海中航行的挪威和冰岛船只要浅。

斯盖德式（Skei）船体积更大，或者更像是几艘不同的大型长船的组合。最大的斯盖德式船也许能够搭载 80 人，但是历史上的记载往往认为更大的长船只可以乘载大约 60 人，斯盖德式就是其中一种类型。因为经常使用不同的名称，有时候很难确定所指的是什么船只。

龙船

许多英国人和其他资料将维京长船称为"龙船"（dragon ships），还谈到船头上的龙形雕刻。

上图　维京长船看似简单的结构非常实用，几十年来几乎没有什么变化。这些船虽然只是为沿海水域建造的，但成功地经受住了北大西洋的巨浪。

考古学家已经发现了蛇和其他怪物的例子，但是到目前为止还没有发现龙。然而，当蛇头船满载维京抢劫者时，它是相当可怕的，而且传说中也有很多对蛇头船上抢劫者的描绘。无论如何，关于"龙船"的记载并没有给我们提供相关船只的确切规格，更别说等级名称了。

船只设计

在维京时代，长船和其他海船的设计几乎没有改变。793年就有了先进高效的船只，但三个世纪以后，维京船只还在同一水域航行并执行同样的任务。维京船并不真正需要改变，所以他们也没有去做出改变。

船体是用熟料建造的，也就是说它们的结构是用铁钉将重叠的橡木板固定在一起。船体两侧由横梁连接，船体构件由轻型肋板支撑。这种设计增添了船的灵活性，使船能够应对开放水域中波浪引起的压力。可拆卸的木板被用来做成一个可以行走的甲板，略微抬高了船头和船尾。

现代人重建出了一艘可以在海浪中旋转、转弯达到15厘米的船，这对于习惯

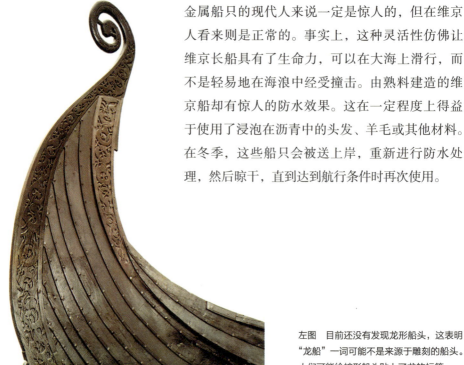

金属船只的现代人来说一定是惊人的，但在维京人看来则是正常的。事实上，这种灵活性仿佛让维京长船具有了生命力，可以在大海上滑行，而不是轻易地在海浪中经受撞击。由熟料建造的维京船却有惊人的防水效果。这在一定程度上得益于使用了浸泡在沥青中的头发、羊毛或其他材料。在冬季，这些船只会被送上岸，重新进行防水处理，然后晾干，直到达到航行条件时再次使用。

左图　目前还没有发现龙形船头，这表明"龙船"一词可能不是来源于雕刻的船头。人们可能给蛇形船头贴上了龙的标签。

"一个人应该相信自己的经验，而不是道听途说。"

龙骨的大部分长度相当于一块木材的长度，与构成船头和船尾柱的弧形部件相连。龙骨周围的大木块用桅杆固定着，随着时间的推移，桅杆的用途变得更加复杂。桅杆可以在需要的时候迅速被解开，并在晚上当船停靠下来、船帆放下来时，用来支撑覆盖在甲板上的帐篷。

那张巨大的方形帆由一个单独的帆桁支撑着，由羊毛制成。考古发现证实了有红白相间条纹帆的存在，而红色的条纹则是在船帆上缝补的彩色布料。风帆会尽可能地在开阔水域被使用，而船桨在战斗中、靠近海岸时以及在平静的天气中可以提供推动力。船桨会穿过船舷下面的第三块木板上的孔，船舷内有百叶窗，而舷窗是可以关闭的。船桨本身是用松木做的，每一个都是为它在船上的位置量身定做的。不同长度的桨确保了所有的桨都能统一使用，划桨动作保持一致且平稳。

艰难的生活

长船上的生活很艰难。当没有顺风时就需要轮流划桨，还要经常置身于恶劣的海洋环境中。晚上搭建的帐篷可以提供一点保护，但大多数情况下，船上的维京人

上图　一艘幸存的维京长船，可能是一艘克诺尔式，这是一艘封锁船，沉没在罗斯基勒峡湾。这艘船的载货量约为24吨，它可以追溯到1030—1050年的维京时代晚期。

都是在一艘敞开的船只上从事他们的工作。然而，他们似乎非常热爱他们的船只，不仅是因为这些船给他们带来的财富。船也是一种身份的象征，它给了维京人掠夺或开展贸易的机会。它象征着自由，象征着暂时抛开家中的烦恼，甚至象征着远方可以迁往的新土地。

不仅如此，维京人的船似乎是他们文化身份的一部分。传奇诗人用戏剧性的语言描写它们，他们经常用"代称"（kennings，有"海上视距"之意）这种修辞手法来描述人和物。在传奇诗人的口中，船只被描述为"桨马"（oar-steed）或"冲浪龙"（surf-dragon），以表达诗人对船只的钦佩和喜爱。

除了船员之外，长船还必须装载货物和补给，以及航海常用的工具——绳索、锚、备用木材等。将盾牌挂在船外的做法可能源于维京人的实用主义——这为携带的盾牌提供了一个方便处置的地方，既防止它们碍事，又有助于保护划桨手在战斗中免受弓箭的伤害，以及在其他时间免受天气的影响。当划桨手离开他的长椅去战斗时就不需要这种保护了。所以与其在船上建造防御设备使之一直带着额外的重量，不如利用维京人的盾牌进行防御。

这种做法反映了维京人造船背后的哲学——不浪费空间或重量，最大限度地利用每一个可能的空间。船只采用双头结构，这样可以快速倒退。这点在从海滩下水时很有用，可能是因为容易遭到被抢劫的当地人的追捕，但事实证明，当在峡湾狭窄的水域作业时，这种设计也很方便，因为如果在一个狭窄的区域内掉头，只需有效地调换船尾就可以离开。

现代重建

现代重建的维京船只展开了不少令人印象深刻的航行，包括 1893 年从挪威卑尔根（Bergen）横渡到纽芬兰（Newfoundland）。这次航行曾经遇到暴风雨，历时 28 天。这个令人印象深刻的壮举教会了船员们许多关于维京航海的知识，展示了这艘长船在波涛汹涌的海面上非凡的灵活性，但更重要的是，它证明了乘坐一艘敞篷船横渡大西洋是可能的。现在看来，从格陵兰岛到达美洲不仅合理，而且考虑到所涉人员的性质，这几乎是完全可行的。

这些现代重建的船只航速可以达到 10 ~ 11 海里 / 小时，这对于任何船只来说都是相当快的。一些资料认为最好的维京船甚至比这更快，虽然在大多数情况下，耐力和持续的速度才是最重要的因素。额外的一两个绳结可能有助于抓住或者摆脱敌人，但在探险过程中，以不错的速度长时间在开阔水域航行的能力更为重要。

在桨的作用下，重建的船只最高航速约为 4 海里 / 小时，但这只能维持几分钟。2 海里 / 小时或者更快一点的速度是合理的持续速度，这一估计得到了维京记录的证实，记录显示划船者每小时的划桨次数可以达到 1000 下。一系列的估计和推断表明，用桨划行 2 个小时，航程约为 4 海里（7.4 千米），表明在正常情况下船只的持续航速为 2 海里 / 小时。

维京船吃水浅，因此在海滩上靠岸相对来说比较容易。船只的设计无法让这些船被拉到码头卸货，所以货物被运到岸上，有时要用一艘较小的船来运载或拖曳，或者人们可以涉水到停泊在码头的船上手动卸货。出土的大轮子和车身高的马车表明至少在一些贸易城镇有装卸船只的装置。

维京船吃水浅在其他方面也起到了作用。它有可能在岛屿或偏远的海岸地带登陆，而这些地方使那些吃水较深的船只根本无法前往。这使得船员甚至舰队可以在一个安

下图　约克乌斯河上的一艘复刻船。实验考古学揭示了很多关于维京人是如何生活的秘密，今天有很多人仅仅为了好玩而过着维京人的生活。

上图 登陆对突击队员来说是一个危险的时刻。如果没有足够的战士保卫登陆点，整个部队都会很容易受到反击。

全的地方休息，而任何想要与他们战斗的人要么在近海等待他们出来，要么四处航行寻找一个可以登陆的地方，然后从陆路出发进行攻击。当然，没有什么能阻止维京人轻松驶离。

龙骨也可以用于测量深度，这在袭击中显得很重要。通常下船的方法是跃过船舷，但光靠观察是很难看出水有多深的。龙骨为船提供了一个深度的衡量标准，维京勇士大概知道船舷跳到龙骨底部的距离，从而推测出水的深度，这样能够避免一头扎进深水中。那些不那么着急的人则会使用跳板。

陆路运输

水上运输对维京人极为重要，他们在河流和峡湾上使用小船，在海上也使用船只。在当地范围内的陆路旅行也没有什么大问题——大多数常规旅行很短，步行就足够了。如果货物必须运输，就使用马车，而这些车是由牛或马拉的。

雪橇是寒冷地区的一种常见交通工具，雪橇和雪鞋可以用来帮助个人在下雪时移动。两个长短不一的滑雪板与单杆一起使用，较长的滑雪板是用来滑行的，较短的是用来推进的。在一些资料中，溜冰鞋一般是被商人用来把货物运过冰冻的河流，但更多的是用于娱乐和技巧挑战。

战士用马作为战略运输工具，而富人用马作为私人交通工具。马的蹄子上会被安装铁钉，以便抓住冰面。维京马并不大，但它们很强壮，能够以合适的速度进行长途旅行。在短距离内，它们的速度可能比不上诺曼人使用的马，但是这种小型的维京马作为从一个地方到另一个地方的坐骑是完全可以接受的，特别是对于想要下马作战的战士来说。

包括驮鞍在内的马鞍似乎是被安置在马背上，以便维京骑手的脚在马镫上向前推。诺曼人也采用了这一系统，可能是因为他们直接继承了维京人的遗产。维京人也使用马刺和金属辔头，这种辔头通常类似于今天使用的套头。

下图　居住在冰雪覆盖地区的维京人用滑雪板作为私人交通工具。使用滑雪板和单杆可以腾出一只手来从事其他活动，但在滑雪板上作战可能是一种很难学习的技能。

第八章
维京王国

THE VIKING KINGDOMS

按照后来社会的标准，在维京时代之初的这些王国规模都很小，但仍有能力承建大型的建筑工程。丹麦墙（Danevirke）是一个贯穿丹麦全境的防御工事体系，旨在防御该地区南部日耳曼部落的入侵。

虽然最初被认为是戈弗雷德国王的成就，但现在人们知道，丹麦墙的建造工作始于 8 世纪 30 年代。这是一项重大的工程，需要大量的劳动力，以及大量的规划、勘测和后勤工作，才能建造出一个巨大的防御工事。它的建造表明，早在维京时代来临之前，维京人就有能力进行大规模的人力组织。而在小规模组织上，他们也能建造高质量的海船进行贸易和抢劫。

上页图 虽然人们最初对维京人的印象是极具破坏性的掠夺者，但他们也有能力建造复杂的防御工程、城镇和坟墓。在某些情况下，这些工程和坟墓一直保留到了今天。

当时，丹麦、瑞典和挪威等维京领土上人口不断增长，有人认为维京时代的开始是由于对土地的更多需求。这可能是一个因素，但它不可能是唯一的原因——斯堪的纳维亚半岛当时绝不会人口过剩。还有人认为，技术的改进促进了维京人的领土扩张，特别是铁数量的增加，可用于制造更好的工具和武器。

维京人的领土扩张很可能是许多因素的结合，尤其是人们与生俱来的冒险精神。他们相信强壮的人有权得到他们能得到的任何东西，而这不仅是指财产。在许多情况下，社会地位和财富的获得是一样的，如果一个人找到了好的土地并定居下来，他就自然合理地认定这块土地是属于自己的。因此，维京人的领土扩张是他们的社会及其价值观的自然呈现，强大的经济实力、良好的工业基础和充足的人口使其进一步成为可能。考虑到这些因素，维京人会定居在广阔的地区，并最终统治欧洲及其他的广大地区，这是显而易见的。

俄罗斯的维京人

关于维京人在俄罗斯的影响程度，有不同的学派观点。一些人认为维京人建立了现代俄罗斯的许多主要城市，其他人则激烈地反驳这一观点。众所周知，维京人的定居点沿着拉多加湖和奥涅加湖周围的河流蜿蜒而上，当地的斯拉夫（Slavic）人民通常在遭受抢劫的同时也会从与维京人的贸易中受益。维京冒险家能够迫使一些俄罗斯部落向他们进贡，但在 860 年左右他们就被赶走了。然而，一些资料称，当该地区陷入混乱时，他们却应当地人的邀请又回来了。斯堪的纳维亚半岛在当时是一个小王国，所以维京勇士在俄罗斯建立一个类似的统治是完全合理的，他们的

"对于许多掌握权力和获得荣誉的人来说，骄傲与晋升齐头并进。"

三个族人统治了诺夫哥罗德、别洛泽罗（Beloozero）和伊兹博尔斯克（Izborsk）。唯一一个存活了一两年并控制了这些地区的是一个名叫鲁里克（Rurik）的人，他将他的追随者派去管理这些城市。

　　根据《俄罗斯往年纪事》（*Russian Primary Chronicle*）的记载，鲁里克最初定居在拉多加湖附近，建立了拉多加城，尽管有考古证据表明当鲁里克抵达时那里已经有一个定居点了。同样，人们认为鲁里克和他的追随者建立了诺夫哥罗德作为他们的新首都，尽管当他们到达时这里可能已经有一个城市或者至少是一个定居点。其他的历史不尽相同，但普遍的看法是，维京人在该地区创造了一个军事统治阶级，在他们的统治下，许多城市得以发展壮大。

　　维京人领导下的斯拉夫人被称为罗斯人（Rus），尽管这个词的起源有很多争论。同样，维京人是在控制一个混乱地区后建立了一个社会，还是在已有社会秩序顶端时才加入进来，这是有争议的。有人认为，维京人并没有接管而是融入了这个地区，事实上他们的影响力比人们通常认为的要小。也许最有可能的情况是维京人迁移到该地区，并为自己找到了一个合适的环境。作为动乱时期的战斗人员，他们

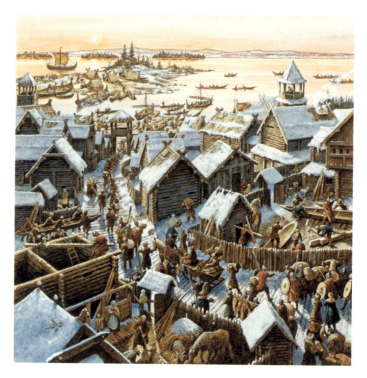

右图　拉多加湖是维京人进行领土扩张的天然通道，他们能够通过拉多加湖和相关的水路进入俄罗斯。但在没有大规模探险的情况下，这一方向的扩张和定居也是小规模的。

上图　10 世纪 90 年代，罗斯人牢牢控制了诺夫哥罗德和基辅。尽管挪威维京人和冰岛维京人之间存在文化差异，但对许多人来说，他们的维京斯拉夫社会等同于各地的维京社会。

接近于社会统治秩序的顶端，因此许多维京人直接加入了统治阶层。如果是这样的话，那么维京人就没有接管，也没有建立一个新的国家，而是维京人与斯拉夫人两个群体发生了变化，融合成了一个新的群体。

不管真相是什么，许多与罗斯人接触过的人都认为他们是维京人，并称维京人为罗斯人。他们可能没有意识到维京人的家园并不在罗斯，而且简单地认为任何外表和行为像罗斯人的人都是罗斯人。

基辅罗斯

鲁里克的后裔把罗斯首都迁到了基辅，从此这个地区的人民被称为基辅罗斯人。到了这个时候，两种文化已经完全交融在一起。但当时基辅罗斯建造的一些防御工事很有可能是为了阻止更多的维京人进入。

907 年罗斯人攻击君士坦丁堡时，他们在俄罗斯河上运输船只的经验派上了用场。他们的舰队从第聂伯河出发，穿越黑海进攻拜占庭首都。防御者希望密布铁链能够阻止罗斯人进入博斯普鲁斯（Bosporus）海峡，但这只是徒劳。随着罗斯舰队绕过铁链向他们的首都挺进，拜占庭人同意签订条约。

下页图　河流和湖泊运输的货物数量超过了陆上运输的数量，使得往返君士坦丁堡的长途旅行成为一项有利可图的冒险之旅。

通往君士坦丁堡的
维京水上路线

→ 维京贸易路线

N

挪威海

赫拉迪尔

挪威

考庞

奥克尼王国

北海

乌普萨拉
比尔卡

丹麦

罗斯基勒 · 伦德

赫德比

诺森布里亚

约克

丹法区

威尔士州
威塞克斯

伦敦

诺曼底

巴黎

奥尔良

不来梅

莱茵河

科隆

亚琛

法兰克福

东法兰克
王国（德国）

洛尔希

波罗的海

波罗的海沿岸民族

芬
兰

人

旧拉多加

诺夫哥罗德（霍尔姆加德）

基辅罗斯

夫

基辅

斯

拉

夫

波兰

克拉科夫

西法兰克王国

上勃艮第

下勃艮第

里昂

波尔多

巴约讷

纳瓦拉

阿拉贡

巴塞罗那

塔拉戈纳

巴兰西耶

卡塔赫纳

穆斯林国家

阿维尼翁

普拉辛勒姆

尼斯

第戎

米兰

威尼斯

克罗地亚

教皇国

意

科西嘉岛

罗马

那不勒斯

贝内文托省

萨丁岛

帕诺摩斯

西西里岛

突尼斯

塞提夫

凯鲁万

鲁斯塔德

阿拔斯王朝
（阿格拉布）

亚

得

里

亚

海

塞尔维亚

尼特拉兹

匈牙利

莫萨普尔克

佩切涅格

多瑙河

普雷绍夫

尼什

菲利普波利斯

阿德里安堡

君士坦丁堡

黑海

拜

占

庭

帝

国

塞萨洛尼基

爱琴海

士麦那

坎达克斯

克里特岛

地

中

海

马耳他

的黎波里

保
加
利
亚

0   400 千米

0   400 英里

这在很大程度上相当于贸易让步，表明了贸易对罗斯人和其他维京人非常重要。然而，有一则条款耐人寻味——要求罗斯人在君士坦丁堡时，能够随心所欲地洗澡。

基辅罗斯此时已经强大到可以凭借其有利的条件和拜占庭帝国谈判，而且直到维京时代结束，它一直是这个地区的主要力量。然而，在这个过程中的某个地方，罗斯人已经不再是维京人，而是一个受维京人影响的群体，有着自己的身份，在相似的时间段内，这种进展情况在其他的地方也重复出现。

斯堪的纳维亚王国

斯堪的纳维亚半岛统一王国的兴起，并不令人惊讶，其中有一段相当血腥的插曲。在这段插曲中，猎人古德罗德国王抢劫了邻近的阿格迪尔王国，抢走了国王的女儿阿萨做他的新娘。古德罗德在历史上有点神秘，但他的后代比较著名。他的王国可能位于西福尔（Vestfold）。

840年左右，古德罗德遭到暗杀，当时他的妻子带着年幼的儿子哈夫丹回到阿格迪尔的家中。儿子的出身赋予了他对古德罗德王国的继承权，860年左右，他从同父异母的兄弟奥拉夫·盖尔斯塔达－阿尔夫（Olaf Geirstada-Alf）那里得到了一半的继承权。这为哈夫丹提供了后盾，他凭此来征服其他小的王国。哈夫丹，又名"黑王"哈夫丹，有权有势，但他的王国只是挪威中的一个小王国。他的领土位于海岸，但是被其他土地隔开着。

"黑王"哈夫丹的母亲阿萨可能被葬在奥塞贝格（Oseberg）。今天考古人员在那里发现了一个巨大的船葬，其中有一位女性，显然她非常富有，地位显赫。墓葬的年代与传说中的证据相吻合，因此有理由推测这里是阿萨王后的安息之地。如果是这样的话，在一艘精美的船上，周围都是随葬品，这样丰富的葬礼是完全合理的，因为阿萨王后是统一后挪威的第一位国王的祖母。

哈拉尔德国王

阿萨的儿子哈夫丹死于870—880年之间，享年40岁，他骑马掉进结冰的湖里淹死了。哈夫丹的儿子名叫哈拉尔德·费尔海尔。根据传说，一位女先知预言了哈拉尔德的上台，当然这个故事可能是后来的美化。后来，哈拉尔德在10岁左右继承了他父亲的王位，并立即受到其他统治者的挑战，这些人试图从这位少年国王手

上图 哈夫斯峡湾战役是当时挪威历史上规模最大的一次战役，人们普遍认为这是一个统一王国诞生的时刻。哈拉尔德·费尔海尔的胜利消除了所有对其统治的严重威胁。

中夺取土地。

哈拉尔德的王国幸存了下来，他被一位来自霍达兰（Hordaland）、名叫吉达（Gyda）的公主深深吸引。但公主断然拒绝了他的求爱，而这给世界政治带来了意想不到的后果。哈拉尔德没有像他的祖父古德罗德那样试图俘虏她，而是发誓在征服整个挪威之前不剪发、不梳头。

这是一项艰巨的任务，但一定会给哈拉尔德未来的新娘和其他所有人留下深刻印象。这也是一个非常严肃的誓言，因为维京人概念里他们应该照顾好自己的头发。在接下来的十年里，哈拉尔德被称为"乱发王"，他向那些不愿与他结盟的挪威国王发起战争，很可能就像当时流行的野蛮维京人所做的一样。最后，作为整个挪威的第一任统治者，哈拉尔德赢得了吉达的芳心，多年后他第一次剪了头发。这显然让他帅气了许多，因此之后人们都称他"金发王"哈拉尔德。

哈拉尔德对挪威的征服使许多维京人远走他乡。一些人离开是为了避免承受站在他的对立面的后果；其他人只是不喜欢这种情况，而去到其他地方安家。其中一些人建立了军事基地，抢劫沿海贸易市场，进一步推动了镇压苏格兰群岛海盗的运动。哈拉尔德还不得不应付小国王和贵族们，他们的船只在遥远的峡湾外航行。

控制挪威沿海的海上贸易对哈拉尔德来说在政治和经济上都至关重要，而他的对手并不会轻易放弃。一个由小酋长们组成的联盟最后对哈拉尔德·费尔海尔的统治构成了巨大威胁，直到他们在现代斯塔万格（Stavanger）附近的哈夫斯峡湾（Hafrsfjord）的一场激战中战败。这件事可能发生在 890 年左右，尽管传统上这个时间被定为 872 年。

除了吉达公主之外，哈拉尔德·费尔海尔还有许多妾室，并且生了许多儿子。

左图　山中之剑雕塑创作于 20 世纪 80 年代初，是为了纪念在哈夫斯峡湾发生的战役。最大的剑代表哈拉尔德国王，较小的剑则代表他的敌人。

"千万不要发假誓，违背誓言的报应是惨痛而残酷的。"

这些传说来源并非都很可靠，因为它们是在事件发生几个世纪之后，根据口头讲述写成的。但在哈拉尔德的故事中，他的儿子多达 20 个。其中 12 人被任命为国王，但在某些情况下，他们被授予一个小王国，只有两人统治哈拉尔德统一后的挪威。

哈拉尔德死于 932 年，享年 80 多岁。在他生命的最后几年，他与他最喜欢的儿子"血斧"埃里克共同统治国家，而他的其他子女则被授予了一些土地，这引发了权力的争夺。哈拉尔德把他最小的儿子哈康（Haakon）送到了英格兰，让他住在埃塞尔斯坦（Aethelstan）国王的宫廷里。这符合维京人的传统：把一些孩子寄养在其他的家庭，虽然这在某些情况下会产生一些严重的后果。寄养在埃塞尔斯坦期间，哈康成为了一名基督徒。

"血斧"埃里克

"血斧"埃里克是哈拉尔德最优秀的儿子。关于他的生活，几乎没有确切的历史记录，但是关于他的传奇故事却有很多。显然，埃里克以传统的维京方式赢得了他的名声。作为一名海上劫掠者，他似乎有着非常成功的职业生涯，他在波罗的海和北海沿岸四处劫掠，甚至发起了沿德维纳（Dvina）河而下的劫掠探险活动。在父亲去世后，他成为挪威国王，并通过削弱对手势力来巩固自己的统治，其中包括他的几个亲兄弟和同父异母的兄弟。他很快就让自己在贵族和普通民众中变得不受欢迎，其统治方式为他赢得了一个"血斧"的绰号。

埃里克同父异母的弟弟哈康回到了挪威，受到了埃里克对手的欢迎。发现自己处于劣势后，埃里克就逃走了，一些资料称他又重新做回了海盗，过上了抢劫的日子。最终他在诺森伯兰（Northumberland）登陆，在那里当了一小段时间的国王。在这段时间里，他重新接触了《埃吉尔传奇》中的英雄埃吉尔·斯卡德拉格里姆松（Egil Skallagrimsson）。埃里克在挪威的时候，埃吉尔就已经被宣布为逃犯；两人长期不和，埃吉尔杀了埃里克的一些亲戚。在离开挪威之前，埃吉尔曾试图用魔杖让陆地精灵对抗埃里克，但是现在两个人和好了。

埃吉尔遇到海难，被俘虏后带到"血斧"埃里克面前接受审判。埃里克一心想要处死埃吉尔，但是对方为了纪念他而写的一首诗给他留下了深刻的印象，于是他宽恕并释放了这个宿敌。目前尚不清楚这一事件是否真的发生，也许只是传奇诗人的杜撰。不管是哪种情况它都说明维京人的复杂性格。"大事迹"是他们的方式：埃吉尔用一首英雄般的诗歌与不共戴天的敌人和解，而埃里克宽恕了一个杀害了他亲人的敌人，同样也是一种宏大的姿态。

埃吉尔得以继续他的旅程，而埃里克则于 954 年在斯坦莫尔（Stainmore）去世，当时具体情况尚不清楚，但似乎他是在诺森伯兰被迫下台，并在一次针对追捕者的反击行动中被杀害。

从"灰袍"到克努特

与此同时，哈康已经为自己赢得了"好人"的绰号，但他必须不断击退埃里克儿子们的挑战。他屡屡战胜，但于 961 年他在菲恰尔（Fitjar）的王宫中遭到突袭，受了致命伤。哈康在位期间总体上是成功的，但他在一个领域彻底失败了——他试图让他的臣民皈依基督教。在他死后，有人写了一首英雄诗来纪念他。诗中说到，尽管他是基督徒，但他仍然接受瓦尔霍尔。

在哈康死后，"血斧"埃里克的儿子"灰袍"哈拉尔德（Harald Greycloak）统治着一个极度衰落的王国。

他得到了丹麦国王"蓝牙"哈拉尔德（Harald Bluetooth）的

左图　耶灵有两块巨石，其中一块是"蓝牙"哈拉尔德为纪念他征服丹麦和挪威而竖立的，特征就是上面含有对基督的描绘，还有丹麦这一名字的最早用法。

支持，至少一开始是这样。"灰袍"后来击败了许多竞争对手，重新控制了至关重要的沿海贸易通道。随着他权力的增加，他对"蓝牙"哈拉尔德的依赖逐渐减少，这让这位丹麦国王很不高兴。"蓝牙"把他的支持转移到拉德（Lade）的贵族哈康·西格德松（Haakon Sigurdsson）的身上。哈康想要为死在"灰袍"手中的父亲报仇，于是把对方杀了，继位成为挪威国王，也成了"蓝牙"哈拉尔德的附庸。

从 958 年父亲高姆（Gorm the Old）去世开始，"蓝牙"哈拉尔德在位期间做了许多事情。甚至在此之前，他就参与了包括入侵诺曼底的海外冒险。10 世纪 60 年代，他皈依了基督教，成为一位信基督教的维京国王。在挪威"灰袍"被暗杀后，"蓝牙"哈拉尔德得到了其继任者哈康的支持。因此，他一度是丹麦和挪威的国王。

"蓝牙"哈拉尔德有时被认为是建造丹麦墙的功臣，但他只是对其进行了修补。

右图　描绘了"八字胡"斯韦恩到达英格兰时的场面，其中包含了许多时代错误：描绘的军事装备和船只看起来是中世纪风格。

这一防御建筑本来是为了阻止入侵者进入丹麦，但在974年，"蓝牙"哈拉尔德的军队在那里被日耳曼勇士击败。九年后，该地区重新被收复，但"蓝牙"哈拉尔德的权力被大大削弱了。公元974年后，他失去了对挪威的控制，985或986年，他被他的儿子"八字胡"斯韦恩（Svein Forkbeard）废黜。

"八字胡"斯韦恩重新延续了父亲与拉德贵族的结盟关系，这时候的结盟对象是哈康的儿子埃里克。这使得斯韦恩从公元1000年起就控制了挪威的大部分地区。从1002年开始，他就一直对抗英格兰。斯韦恩对英格兰的攻击大部分是出于经济动机。他需要现金，而传统的维京人获得现金的方式就是攻击他人。英格兰人决定用丹麦金收买斯韦恩，这让他大发横财。

尽管受到贿赂，或者也许是因为这些贿赂允许他装备一支适当的入侵部队，斯韦恩在1013年对英格兰发动了新一轮的攻击。他成功地将埃塞尔雷德国王驱逐出国，并接管了国家，但在1013年圣诞节加冕为英格兰国王的仅仅几周后，"八字胡"斯韦恩就去世了。斯韦恩的儿子哈拉尔德继承了丹麦王位，而他的小儿子克努特（Knut）成为了英格兰国王。哈拉尔德作为哈拉尔德二世统治了四年，之后由他的兄弟克努特继承王位。

左图 克努特从他的父亲斯韦恩那里继承了英格兰王位。斯韦恩寿命够长，在成功入侵英格兰后，靠着之前从那里勒索的贿赂成为国王。

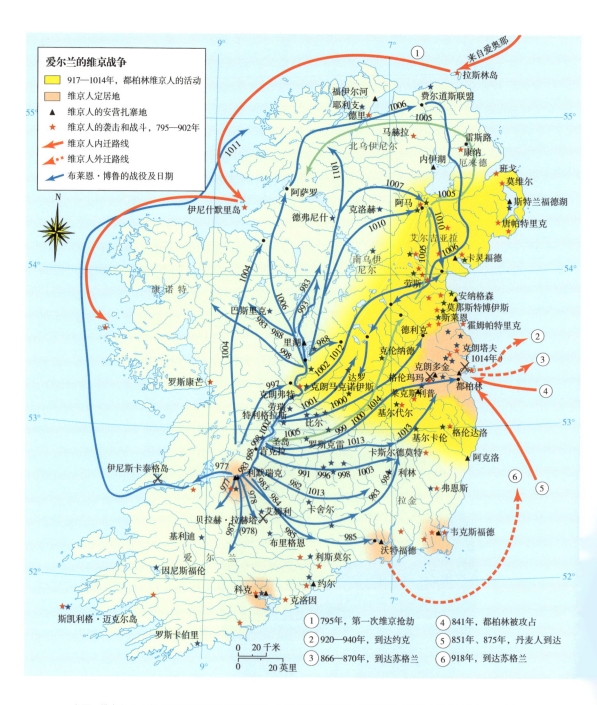

爱尔兰的维京战争

- 🟨 917—1014年，都柏林维京人的活动
- 🟧 维京人定居地
- ▲ 维京人的安营扎寨地
- ★ 维京人的袭击和战斗，795—902年
- → 维京人内迁路线
- ⇢ 维京人外迁路线
- → 布莱恩·博鲁的战役及日期

N

来自爱奥那

① 拉斯林岛

福伊尔河
耶里支
德里 ★
马赫拉
北乌伊尼尔
内伊湖
费尔道斯联盟
雷斯路
康纳
尼莱德
班戈
莫维尔
斯特兰福德湖
唐帕特里克

阿萨罗
德弗尼什
克洛赫 ★
阿马
艾尔吉亚拉
南乌伊尼尔
劳斯
卡灵福德
安纳格森
莫那斯特博伊斯
斯莱恩
霍姆帕特里克
德利克
克伦纳德
格伦玛玛
莱克斯利普
基尔代尔
基尔卡伦
格伦达洛
阿克洛
弗恩斯
拉金

康诺特
巴斯里克 ★
里湖
达罗
克朗马克诺伊斯
克朗弗特
劳瑞
特利格拉斯
比尔
圣岛
罗斯克雷 1013
卡斯尔德莫特
利林

罗斯康芒 ★
伊尼斯卡泰格岛
利默瑞克
克朗多金
都柏林
克朗塔夫
（1014年）
②
③
④
⑥
⑤

斯凯利格·迈克尔岛
罗斯卡伯里
贝拉赫·拉赫塔
（978）
基利迪
艾姆利
布里格恩
利斯莫尔
因尼斯福伦
科克
克洛因
约尔
沃特福德
韦克斯福德

爱 尔 兰

0　20千米
0　20英里

① 795年，第一次维京抢劫
② 920—940年，到达约克
③ 866—870年，到达苏格兰
④ 841年，都柏林被攻占
⑤ 851年、875年，丹麦人到达
⑥ 918年，到达苏格兰

上图　维京人虽一度是爱尔兰事务的主要参与者，但是他们经常因为不列颠群岛其他地方的事件分心，所以从未
完全在爱尔兰事务中占据统治地位。

爱尔兰和西方

830 年，向西的渐进式迁移就已经开始了，而且可能开始得更早。维京人定居者在苏格兰群岛登陆并在那里建立家园，之后沿着苏格兰海岸前进，将赫布里底群岛作为殖民地，然后到达爱尔兰。在那里第一个维京人定居点可能是暂时的，但随着时间的推移，这个定居点逐渐发展成为定居的城镇，从那里维京人可以发动袭击和贸易探险。在这些城镇中，就有建于 840 年或 841 年的都柏林。都柏林不仅是维京人在爱尔兰，也是他们在苏格兰和英格兰扩张的基地。

左图 爱尔兰国王布莱恩·博鲁在 1014 年的克朗塔夫战役中才去世，他的维京对手早已崩溃。虽然维京人在爱尔兰仍然存在，但他们已不再那么重要了。

许多维京首领自封为都柏林的国王，拥有不同程度的权力和威望。爱尔兰人曾多次试图将他们从自己的土地上驱逐出去，尽管有时取得了一些成功，但维京人仍然生活了下来。10 世纪早期，一波定居者的到来增强了维京人的力量，他们建立了几个城镇，包括利默里克（Limerick）和沃特福德（Waterford）。爱尔兰当时是整个广阔局势的一部分，由于不列颠群岛其他地方的事件或机会经常分散维京人的注意力，影响了他们地位的巩固。

例如，997 年"丝绸胡子"西格崔格（Sigtrygg）国王在都柏林建立了一家造币厂，但其主要用于爱尔兰以外的贸易。贸易代表团一路航行到斯堪的纳维亚或沿海地区，与以约克为中心的维京王国进行贸易。可能是由于与爱尔兰人持续不断的冲突，980 年，维京人在塔拉（Tara）战役中遭到沉重打击，他们的力量在很长一段时间里一直在衰落。到 1014 年，维京人在爱尔兰事务中只是一个相对次要的因素，他们在都柏林的大本营也受到了威胁。布莱恩·博鲁（Brian Boru）决心成为爱尔兰的国王，他想把都柏林这座城市作为他的首都。他的军队与来自爱尔兰和其他地方的维京人交战，与反抗布莱恩·博鲁的莱茵斯特（Leinster）国王对敌。后来国王布莱恩·博鲁被杀，但莱茵斯特－维京联盟也被彻底击败。虽然后来再也没有人真正试图将剩下的维京人赶出爱尔兰，但他们在一个非常复杂的政治局势中已经沦为了小角色。

冰岛的情况则截然不同，那里的维京人可以毫无阻挠地安顿下来。第一批定居者在 870 年到达冰岛，五十年后这里成为另一个维京人的家园。许多定居在那里的人是为了逃避当时斯堪的纳维亚半岛上的冲突，或者是为了逃避哈拉尔德·费尔海尔国王的追捕。当哈拉尔德成为挪威国王时，他的许多敌人都逃到了苏格兰群岛，当他追捕他们的时候，他们决定搬到更远的地方。当时，冰岛是维京人离挪威最远的地方，因此那里成了这些移民的新家。

冰岛的民主与宗教

虽然小王国是维京社会的常态，但挪威王在试图打造一个统一的王国，而冰岛人并不热衷于这个想法，而是实行了可行的代议制民主。那里的权力属于戈迪，他们的影响力取决于普通民众的支持，人们对冰岛人的评价是"他们没有国王，只有法律"。也许这在一定程度上是对哈拉尔德在挪威上台的反应。

冰岛政府进程的关键是阿尔庭议会，这是来自全国各地的戈迪共同召开的年度

会议，与会者可以在会上听到其他任何人的声音，并发表自己的观点。在议会上，戈迪和他们的顾问制定法律，并对法律事务做出裁决。阿尔庭议会建立于930年，标志着冰岛成为一个独立的国家，而不再是来自不同维京人家园的移民集合。

基督教从公元1000年开始在冰岛传播，一般没有太多的宣传或冲突。起初，维京人可能认为基督教的神只是他们万神殿中多出来的一位神，但渐渐地基督教信仰取代了古挪威的宗教。第一个基督教教区建立于1056年，半个世纪后才出现了第二个教区。那时，维京时代已经结束，冰岛开始规划自己的未来之路。

左图 基督教最初与古挪威宗教并存，但最终取代了它。虔诚的教徒用一个十字架取代了雷神之锤，但很多人很乐意同时将两者展示出来。

灾难之旅

探险家们从冰岛出发，向西航行，发现了后来被命名为格陵兰岛的陆地。格陵兰岛字面上有绿色岛屿之意，这个名字是为了吸引定居者，但并不完全是误导。定居发生在现在所知的中世纪暖期，但即使在那时，格陵兰岛也只有一小部分地区适合居住。在南部峡湾的庇护下，定居者可以种植庄稼、饲养牲畜，尽管作物生长季节短，人们生活也很艰苦。

格陵兰岛可能在公元900年左右就已经为人所知，当时一名冰岛航海家被吹离航线，最终到达了现在被称为格陵兰岛的未知陆地海岸。大约是980年，当时"红发"埃里克探索了这一地区。然而，有记录显示，978年有一支探险队打算在那里定居。这可能是由冰岛的一场饥荒引发的，但无论这次探险的原因是什么，最终都以灾难性结果告终。

殖民者在格陵兰岛东海岸登陆，那里不适宜居住，恶劣的天气阻止了他们航行回家。在严寒的冬天，他们在那里争执过后爆发了战斗，导致了许多人死亡。因此，直到 984 年，格陵兰岛才真正开始殖民化。

相较于冰岛的生活，前往新大陆的航程是艰苦的，条件也是严酷的。最初的 25 艘船中只有 14 艘到达了目的地。然而，随着时间的推移，人口增长到大约 3000 ~ 5000 人的峰值。格陵兰岛地理位置相当偏远，因此其本身就是一个小国。即使有理由这样做，外来者也很难干涉他们的事务。

气候的变化使这个地区变得不适合居住，到了 13 世纪，人类几乎不可能在那里生存。浮冰使海上贸易变得危险，格陵兰人也没有什么可以交易的。许多人搬到了纽芬兰和其他地方。那些留下来的人由于营养不良而逐渐死亡。

但是早在这场悲剧结束之前，格陵兰岛的维京人就到达了美洲，甚至在那里定居下来。在欧洲探险家"发现"美洲之前的几个世纪，维京人就已经生活在现在的加拿大地区，尽管规模很小。

下图　格陵兰岛是被风暴吹离航线的水手发现的。他们发现了一块令人望而生畏的荒芜之地，但这块土地仍可以养活一群顽强的定居者。

美洲之旅

美洲在 986 年被发现。就在发现格陵兰岛的几年后，莱夫·埃里克松开始了他的探险之旅。他究竟探索了哪些地方并在哪里着陆，仍有待商榷。下面将介绍他的船只探索过的三个地区。第一个地区名为赫卢兰（Helluland），意为"平石之地"。这个轻蔑的名字暗示了维京人对这次可能是在巴芬（Baffin）岛上的第一次登陆并不满意。

在从格陵兰岛到新大陆定居点的航程中，赫卢兰成为中途停留点，维京人在后来的航行中很可能与当地人进行了贸易。20 世纪 70 年代被发现的一个木雕娃娃是按照经典的因纽特人的风格制作的，但描绘的是一位穿着长长的维京式斗篷的男子，上面有一个带十字的护身符。它似乎描绘的是信仰基督教的维京水手，这为各种关于登陆赫卢兰的探险队的传奇故事提供了可信的证据。然而，他们在第一次探索时似乎没有遇到当地人。

莱夫·埃里克松对巴芬岛并不感兴趣，他继续航行，在我们现在所知的拉布拉多（Labrador）海岸登陆。这里的环境非常理想，有白色的沙滩，后来的游客将其称为"神奇海

右图　这些传奇也记载了维京探险家发现葡萄在野外生长的故事，使得这一片新大陆被命名为"文兰"。对于这个名称学界还提出了其他解释。

"谁能说得清看似无忧无虑的人们到了生命的尽头时
会承受怎样的悲伤呢？"

岸"（Furdustrandir）。莱夫认为森林是该地区的主要特征，将这片土地命名为"马克兰"（Markland），意为"森林之地"。

离开马克兰，探险队继续航行，发现了一个岛屿，他们在那里上岸，然后穿过一条河流进入附近大陆的内部。简单的探索表明，这个地方是理想的定居点。河里有很多鱼，而且草比格陵兰岛上的草生长得更加茂盛。发现附近有葡萄生长是一个额外的惊喜，但这可能不是莱夫将这个地方命名为"文兰"（Vinland）的原因。这个名字一直解释为"葡萄酒之地"，但是更好的翻译应该是"草地"。

1001年，莱夫的探险队在新大陆度过了冬天。他们可能是在纽芬兰的北海岸登陆，尽管也有人认为他们是在更南边登陆。维京人尽可能长时间地进行了探险，然后返回了格陵兰岛。他们的营地被莱夫的兄弟索瓦尔德（Thorvald）领导的下一次探险队重新使用。这群人还是在纽芬兰过冬，但在那里他们与当地居民发生了冲突。

冲突与贸易

维京人知道有人生活在新大陆。他们在格陵兰岛发现了船只和工具——与他们的相比，这些工具虽然很原始，但完全能够帮助当地人们在恶劣条件下生活。维京人给这些人取名为斯克雷林人（Skraelings），意思是"可怜人"，并设法与他们遇到的第一批人打了起来。大多数当地人都被打死了，但幸存者带着增援回来了，维京人营地随之遭到了袭击。尽管维京人谨慎地加固了他们的营地（很可能是为了防备天气和可疑的攻击），索瓦尔德还是被箭射死了。随后维京人又进行了一次短暂的探险，这次是由莱夫的另一个兄弟索尔斯坦（Thorstein）率领的。

虽然对新大陆的探索表明当地人并不友好（或者至少不能接受维京人的攻击），文兰还是提供了一些可能性。作为第一个定居者，他们可以在那里赢得声望。除此之外，这个世界还提供了肥沃的土地，并且有开拓出一片人类敢于宣称的广阔土地的机会。新的土地上还有木材，这在格陵兰岛是非常短缺的。

在1009年或1010年，索尔芬·卡尔瑟夫尼（Thorfinn Karlsefni）率领一支探险队前往文兰岛殖民。索尔芬当时是埃里克松家族的一员，他在格陵兰岛过冬时娶了"红发"埃里克的继女古德里德（Gudrid）。索尔芬是一个冰岛商人，和所有优秀的维京人一样，他愿意抓住一切机会。然而，莱夫·埃里克松决心保留他在文兰的第一个定居者的地位，并只愿意将他在文兰营地的权力出租而不是出售给索尔芬。索尔芬带着 3 艘船、60 个男人和 5 个女人，其中包括他的新娘在那里登陆。在他们逗留的三年里，索尔芬和古德里德有了一个儿子，名叫斯诺里（Snorri）。如果这个传奇故事可信的话，斯诺里·索尔芬松（Snorri Thorfinnsson）就是第一个在美洲出生的具有欧洲血统的孩子。

维京殖民者与当地人做生意，但他们仍然鄙视当地人。维京人显然在做生意上欺骗了当地人，他们带走了食物和贵重的皮毛。斯克雷林人袭击了索尔芬的定居点，起初那里有栅栏保护，维京人还能坚持下来。

维京人拥有的一个优势就是他们的军事技术。他们配备了欧洲最新设计的钢铁武器和盔甲，其人数上也堪与斯克雷林人匹敌。然而，当地人虽然手持石器时代的武器且在军备竞争中远远落后，但他们很机敏、坚定。他们让维京定居者

下图　尽管拥有先进的武器和装备，维京殖民者还是抵挡不住美洲原住民的凶猛攻击，于是他们撤出了殖民地。这对格陵兰岛的定居者产生了严重的影响。

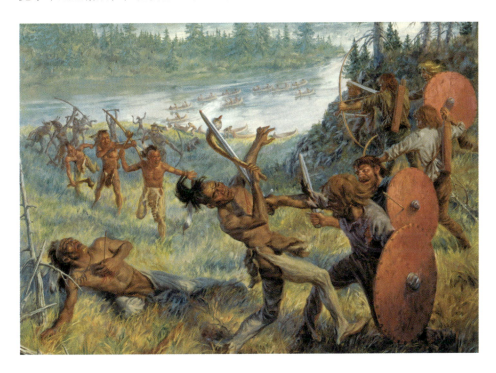

无法生存，因此后来外来者都离开了这里。这使得美洲原住民成为少数几个将维京人赶走的民族之一，尽管他们规模不大。

1015 年，维京人撤出了在美洲的定居点，尽管后来从冰岛和其他维京人家园出发的贸易探险队陆续跨越大西洋达数百年之久。当欧洲人庆祝发现新大陆时，这种情况肯定已经停止了，这就可以解释为什么他们没有遇到任何能用挪威方言和他们打招呼的人。

维京人在纽芬兰岛定居的地点还存有一些争论。有一些推测认为维京人可能沿着海岸向南探索了更远的地方，或者在不同的地点定居。然而，众所周知，他们确实在纽芬兰岛建造了房屋。20 世纪 60 年代，在纽芬兰岛北端的兰塞奥兹牧草地（L'Anse aux Meadow）发现并挖掘出一处遗址。该遗址出土的文物来源于维京人，年代大约在公元 1000 年左右。

下图　位于兰塞奥兹牧草地的维京人聚居地已经得到了确认，这是重建的维京人定居点。

目前还不能确定兰塞奥兹牧草地是莱夫·埃里克松的营地和后来的文兰殖民地，但看起来很有可能是这样。文兰最初"葡萄酒之地"的翻译是指一个更南边的地方，因为葡萄藤不会生长在那么靠北的地方，但是"牧场之地"很好地描述了纽芬兰岛的情况，而且传奇中提到的在半岛上登陆的说法更加验证了这一看法。

关于兰塞奥兹牧草地是维京人主要定居点的实际地点，还是同时建立的几个小定居点之一，仍有一些猜测。但毫无疑问，这里绝对是维京人安家的地方，他们从这里出发开始探索周边地区。在北美洲发现的其他维京物品也值得怀疑，但在大多数情况下这些物品都被当作恶作剧而不予考虑。

当然，当维京人不与当地人作战时，就会与他们进行贸易，维京人的一些手工艺品可能在任何维京人还没有看到那片土地的情况下就已经深入到内陆。另一方面，大陆内部有几条主要河流贯穿其中，其中最近的一条就是圣劳伦斯（St. Lawrence）河。考虑到维京船员会沿着河流航行以寻找机会，探险家队伍进入美洲内陆这也确实并非不可能，至少有可能在短时间内进入了美洲内陆。

左图　在20世纪60年代，安妮·斯汀·英斯塔和她的丈夫海尔格·英斯塔对兰塞奥兹牧草地进行了发掘，证明了此地是一处维京遗址。

不列颠和北欧

几乎可以肯定的是，在789年事件和几年后臭名昭著的抢劫林迪斯法恩事件发生之前，维京人已经到过不列颠群岛。此后不久，设得兰群岛和奥克尼群岛开始有人定居，到865年，"大军"已经登陆不列颠。这不是一次抢劫式突袭，而是一次大规模的征服战役，最终形成了以约克为中心的维京王国。这座城市在丹麦语中被命名为约维克（Jorvik），这是其旧英语名称"Eoforwic"的变形。

在9世纪70年代中期，"心胸宽广"的哈夫丹和他的兄弟古托姆瓜分了"大军"，似乎也瓜分了维京人在英格兰的土地。后来哈夫丹率领他的部队进入诺森布里亚，而这支部队主要由原来"大军"的特遣队人员组成。他们在泰恩河上建立了营地，从那里开始远征斯特拉斯克莱德（Strathclyde），试图征服皮克特王国。

右图　约维克是重要的政治和经济中心，通过海路向欧洲、斯堪的纳维亚和更远的地方开展贸易。具有可靠价值的铸币有助于促进这种大规模的商业活动。

哈夫丹与来自都柏林王国的爱尔兰维京人达成合作关系，诺森布里亚人和都柏林人之间的关系很好，而且两个王国一直密切联系，这种联系直到都柏林作为维京主要中心消亡。然而，这次远征以失败告终，并且哈夫丹的大部分士兵都希望结束战争。

厌倦了在英格兰到处奔波与各路敌人作战后，哈夫丹率领的大部分"大军"驻扎在约克及周边地区。一些人变成了装备精良的社会精英阶层，另一些人则满足于拥有一些土地来建造农场。哈夫丹对两者都不满意，他最终在 877 年的一次海上小规模冲突中丧生。当时，他正试图掌控维京人对都柏林的控制权。

大约在同一时间，哈夫丹和一小部分前"大军"试图征服爱尔兰，其余的人则定居在诺森布里亚，哈夫丹的兄弟古托姆正带着他的一半"大军"重新尝试征服威塞克斯。这些人主要由前来增援原部队的人组成的，他们仍然渴望获得土地和掠夺财物。

上图　"大军"登陆英格兰并不是为了抢劫，然而这不亚于一次入侵，并最终改变了英国历史的进程。

尽管这支"大军"在878年被盎格鲁－撒克逊国王阿尔弗雷德打败，但此时它已经给政治格局带来了巨大的变化。维京人已经征服了诺森布里亚、麦西亚和东昂格利亚，这些地方在当时都是相当大的王国，并在斯堪的纳维亚半岛之外建立了主要的维京王国。

阿尔弗雷德和"大军"领袖古托姆之间的和平条约，确立了维京人和盎格鲁－撒克逊人在英格兰的势力范围。维京人统治的地区被称为丹法区。如果古托姆未能控制整个英格兰，他至少确保了维京人在现在的丹法区的统治被其他统治者接受，因此维京人不会再受到不断的挑战。

根据条约规定，古托姆成为一名基督徒，阿尔弗雷德将他收为养子。在古托姆统治期间，东昂格利亚的古托姆王国和威塞克斯的阿尔弗雷德王国之间的关系保持着相对和平的状态，直到古托姆于890年去世。

约维克

再往北，更多的定居者来到了当时的维京人统治的约维克，在诺森布里亚王国存在之前，这里就是一个重要的政治和经济中心；一旦将控制权移交给维京人，约维克将成为维京王国的中心，这是合乎逻辑的。这个地方吸引了罗马人和盎格鲁人，他们在维京人到来之前是这里的统治者。它易守难攻，是一个很好的交通枢纽。

约维克的维京人得益于前人的工作：罗马人加强了这座城市的防御工事，而盎格鲁人则维持了防御能力。他们在维京时代加强了这些防御工事或者放弃了年久失修的地区。同样地，位于约克大教堂遗址上的约克罗马堡垒也一直被盎格鲁人使用，他们可能把它作为行政中心，很可能维京人也是这样做的。

在维京人的统治下，约维克比以往任何时候都更加繁荣：人口翻了一番，达到三万人左右。乌斯（Ouse）河经它进入北海，然后进入欧洲其他地区。很快，约维克成为欧洲重要的经济中心之一，并成为斯堪的纳维亚半岛通往英国贸易的门户。维京人对约维克的影响可以从今天的街道名字中看出来，这些街道的名字以"门"（gate，来自 gaeta，或者 road）结尾；也可以从城市的总体布局中看出来，后来的建筑物沿用了同样的街道模式，这在今天仍然可见。

约维克王国并没有囊括整个诺森布里亚，但是它的面积足够大，以至于拥有非常强大的势力。随着时间的推移，它不可避免地从一个新的维京家园变成了维京文化和盎格鲁文化的融合体，成为欧洲政治舞台上的一股势力。无论维京人去往哪里

"勇敢的人会战斗并且赢得胜利，尽管他的武器并不锋利。"

或定居在哪里，变化都是不可避免的，这是双向的。当维京人控制了约维克和周边地区时，大部分老百姓继续做着他们一直以来的工作，而当地的女孩往往更喜欢外表干净、衣着整洁、普遍富裕的维京人，而不是那些不干净的盎格鲁人。

文化融合

同样的模式在整个维京世界重复出现：在他们定居的地方，各种文化融合在一起。在俄罗斯，维京人的房子是由斯拉夫工匠按照当地风格建造的，这让人对维京人究竟有多大的影响产生了一些困惑，"真正"的维京手工艺品或者显然是维京人建造的建筑相对较少，而从这一事实很多人得出结论：维京人的数量并不多，但这种印象具有误导性。

同样的情况也发生在英格兰，维京人在约维克雇佣当地工匠为他们建造住所、

上图　泰晤士河上的奥德维奇是盎格鲁－撒克逊人在罗马伦敦地区的几个定居点之一。这里是维京人的天然登陆点，因为泰晤士河直接通向北海。

雕刻艺术品。工匠的艺术作品反映了同行业的维京人或那些要求他们雕刻特定形象的人的影响。有时候，这些作品混合了维京人和盎格鲁人的风格，或者包含了客户需求和工匠的先入之见。维京人统治的约维克王国的艺术品、建筑和日常用品逐渐演变成明显的盎格鲁－维京风格，就像这个王国本身不再是斯堪的纳维亚半岛的一个分支，而是成为一支独立的力量。

下图　这幅图描绘了885年维京人对巴黎的攻击。维京人使用攻城武器和复杂的攻城技术，比如在城墙下挖掘通道。

政治变革

英格兰东海岸强大的维京王国可能有助于阻止来自斯堪的纳维亚半岛的袭击，但如果是这样，那么能阻止袭击的是依靠维京王国的力量，而不是因为这些国家被自己的远亲统治着。后者在他们所有的历史中，一直很乐意为了微不足道的小事而互相袭击、掠夺和谋杀，因一些其他维京人已经在这个地区定居而减少抢劫的可能性很小。抢劫在这个时候不那么普遍，部分原因是政治变革。庄园和小国正在合并成大国，对他们来说，战争和抢劫只是政策的工具。如果接受丹麦金的王国能够维持其人民的生活，那么向其支付丹麦金的国家就会为被抢的受害者提供一些喘息的机会。丹麦金增加了王国的财富，并转化为更大的权力，因此出现了一个不断增长的实力和控制力的循环。

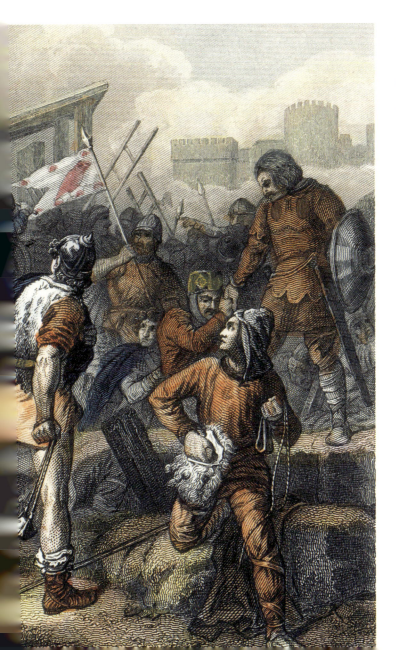

抢劫既因政治因素而减少，也因受害者的反击能力增强而减少。维京人一般是在潮湿的下午进行抢劫，他们发动袭击也有充分的理由，比如赢得名声，掠夺财富或为受到的轻视或伤害复仇。后一种理由令人信服——从本质上说，同伴压力可能会迫使人们对那些防守严密或者收获甚微的目标发动抢劫。但是在其他情况下，攻击一个困难的目标或因抢劫一个被豁免的地区而使自己沦为逃犯是不明智的。

在欧洲的抢劫

当时欧洲有大量的维京人活动。飞地在那里已经存在了几年，其最初是作为抢劫的基地被建立。比约恩·艾恩赛德（Bjorn Ironside）和另一位名叫哈斯坦（Hastein）的维京人从这样一个可能位于卢瓦尔（Loire）河的基地冒险进入地中海。这些人可能是朗纳尔·洛德布罗克的儿子，如果是这样的话，他的家族一定是人类历史上有影响力的家族。

不管他们的出身如何，比约恩和哈斯坦都是成功的维京人领袖，他们在857年洗劫了巴黎。由60多艘船组成的舰队从那里绕过海岸线进入地中海，进行了一次漫长的掠夺远航。这

下图　拥有规模更大的部队使维京人能够深入内陆，但河流仍然是他们的主要通道。河流上的堡垒阻碍了他们的前进，但并不能完全阻止他们的进攻。

些船只中约有三分之一幸存了下来。舰队在途中既有失败，也有成功。

尽管遭遇挫折，比约恩和哈斯坦还是成功地洗劫了欧洲地中海地区、非洲沿岸和巴利阿里群岛的城镇。根据一些消息透露，这支舰队大胆地袭击了一座他们认为是罗马的意大利城市，当时他们谎称他们即将去世的酋长想要皈依基督教，并以基督教的方式埋葬。可是尸体却突然从担架上跳了下来，葬礼队伍从庄严的长袍下拿出了武器，这些描述无疑符合维京人聪明、狡猾、无视任何宗教信仰的经典形象，其中也包括他们自己的宗教信仰。然而，这个故事的真实性值得怀疑。

根据传说，当维京人意识到他们攻击的不是罗马时，就掠夺了这个名为卢那（Luna）的城镇，并用剑杀死了大多数人以发泄他们的愤怒。现代考古学没有找到这次野蛮劫掠的证据，而且所描述的城市在 860 年并不存在。当时在那个地方有一个城市，但是正在衰落，不可能被误认为是罗马。

比约恩和哈斯坦的探险队并不是第一支进入地中海的探险队：844 年，塞维利亚（Seville）遭到袭击，但此次袭击未获成功。然而，这次航行为他们赢得了巨大的国际声誉（不管卢那镇是否真的被洗劫），并确立了哈斯坦和比约恩·艾恩赛德在历史上的地位。一些消息来源声称，这支舰队航行到了埃及的亚历山大港（Alexandria），然后折回，穿过摩尔人控制的直布罗陀（Gibraltar）海峡，返回卢瓦尔河。

回到欧洲后，哈斯坦参与了一系列军事行动，有时与布列塔尼的所罗门（Salomon）等欧洲军队并肩作战，有时则是单独行动。到了这时，维京人已经与其他任何强大的国家或集团一样，成为欧洲权力结构的一部分，因此统治者纷纷请求与维京人结盟。与此同时，这种权力结构正在瓦解。教会的传统权力正在衰落，这在很大程度上是由于维京人对其财产的掠夺。城镇和城市正在建设防御工事，以保护他们免受除维京人袭击以外的威胁；一个防御良好的城镇也许可以反抗其传统的霸主，因此新的交易正在达成。维京人虽是破坏旧秩序的一部分，但不是唯一的煽动者，不过他们肯定比其他大多数派别更能扰乱秩序。

885 年，维京人决定再次洗劫巴黎。当时一些城市遭到多次洗劫，但巴黎之前几年一直很安全，这座城市重新繁荣了起来，因此维京人直接开始对其进行掠夺。多达 700 艘维京船参与了这次攻击，尽管如此强大，但他们都没有成功地攻入城市。随着围攻开始，巴黎成了阻止维京人深入法国的路障。

西法兰克王国国王查理二世，有时被称为"秃头"查理，召集了一支强大的军队，在维京人的围攻线周围拉起了一道封锁线，这让人想起了他反攻围攻者时的罗

右图　查理二世的绰号"秃头"可能有点讽刺意味，因为根据记载，他头发非常浓密。他巧妙地运用了丹麦金的概念：贿赂维京人做一些符合他目的的事情，而不是简单地付钱给他们，让他们不要抢夺他的财产。

马战术——对围攻者进行反围攻。在明确了维京人现在处境不佳后，他向他们提供了一笔贿赂，让他们离开。维京部队可能非常乐意接受金钱以摆脱这种困境。他们还接受了去勃艮第过冬的邀请。并非巧合的是，查理二世对勃艮第的叛乱感到担忧。维京人不仅没有洗劫巴黎和法国北部，还变成了一个有用的政治手段。

入侵英格兰

892 或 893 年，哈斯坦参与了维京人入侵英格兰的行动，当时他是所有维京战争中重要的领导人之一。为入侵而集结的兵力是庞大的，但维京人可以随意掠夺的时代已经过去了。到了 9 世纪 90 年代，欧洲正经历一段可以说是实力强化的时期。在英格兰南部，阿尔弗雷德国王用一支舰队成功保卫了海岸，用一套复杂而有效的军事系统保卫了城镇。他的统治很艰难，经历了许多危机，在他 899 年去世前不久，国家面临着新一轮的维京人的入侵。

就像之前的"大军"一样，这不是一群散兵游勇，而是一支有组织的军事力量。新的入侵军队横跨英吉利海峡，而且这支维京军队积累了不少在欧洲四处劫掠的经验。892 年，入侵军队在布洛涅（Boulogne）集结，分成两支舰队横渡英吉利海峡。一支沿着泰晤士河逆流而上，另一支在肯特南海岸登陆。这支军队的意图可能是既想征服对手，又想掠夺财产；一些维京人想要在肥沃的土地上定居，其他人则乐于抢走那里值钱的东西。还有一种可能，他们的目的是造成一些破坏和掠夺，然后接受贿赂后从东道主占领的城镇撤出——这是一种成规模的敲诈行动。

不管入侵者的动机是什么，他们的计划都失败了。威塞克斯人与维京人战斗了一段时间后，就已经发展出一套

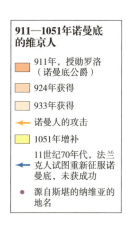

下图　在诺曼底建立维京王国是一个政治高招，它也标志着从机会主义掠夺者到王国建设者的转变。

911—1051年诺曼底的维京人

- 911年，授勋罗洛（诺曼底公爵）
- 924年获得
- 933年获得
- → 诺曼人的攻击
- 1051年增补
- → 11世纪70年代，法兰克人试图重新征服诺曼底，未获成功
- • 源自斯堪的纳维亚的地名

"一个人不应该在今天同意明天会后悔的事情。"

有效的战略来限制他们的行动，形成了一支强大的军事力量。于是维京人的两支部队都被拦截，并在战斗中被击败。维京军队撤退到了一个可以防守的位置，他们也许希望敲诈丹麦金，以换取撤退。这一次，协商撤退并不被接受，他们从一个地方被赶到另一个地方。维京人多次试图作战，虽然不是每次都被打败，但他们的力量逐渐被消磨殆尽，直到 896 年，他们彻底被打败了。

左图 对罗洛的这种描绘反映了后来维京人的典型形象，反映了当时他们的盔甲和装备情况。事实上，他的武器和盔甲在外观上应该是更传统的维京风格。

从强盗到王国的建设者

维京军队的一些幸存者加入了当地的维京王国，但许多人穿越英吉利海峡回到了欧洲。在这些人中，有些去罗洛那里寻求新的机会。罗洛是一个维京人领袖，他的出身存有一些争议。人们把他与传奇英雄赫罗夫联系在一起——赫罗夫身材高大，没有马可以驮得动他。如果是这样的话，他在挪威是非法的，因为他是通过奥克尼群岛来到了法兰克王国。他可能参加了英格兰征战"大军"。无论他的出身如何，他率领的部队于 911 年在沙特尔（Chartres）被击败。西法兰克国王查理三世（有时被称为"胖子"查理），效仿他父亲，决定任用维京人而不是与他们作战。在一个已经描述过的不太庄重的仪式中，查理三世将他手下已经占领的土地赠予了罗洛，并授予他诺曼底公爵的称号。

在短期内，这是最有效的实现目标的措施之一：查理三世在所有可能的入侵路径上部署了一大群维京人。在一个较长的时期内，一系列事件的发生结束了维京时代。罗洛被封为诺曼底公爵在许多方面标志着掠夺时代的结束——抢劫仍将继续，但情况已经发生了变化：维京人已经成为王国的建设者。

这并不意味着维京人探险和掠夺的航行不再继续。罗洛接受了诺曼底的土地，维京国王巩固了他们在约维克和东昂格利亚的地位时，哈拉尔德·费尔海尔成为挪威的国王，他的反对者为了逃避他的控制而定居在冰岛和苏格兰岛屿。定居格陵兰岛的时间是在 70 年后。

这些事件都或多或少地交织在一起。有一段时间，被废黜的挪威国王哈拉尔德·费尔海尔之子"血斧"埃里克，统治了约维克王国。后来，哈拉尔德·哈德拉达成为最后一位维京国王，他加入了瓦兰吉卫队服役，这支卫队的形成部分原因是维京人在攻击君士坦丁堡时展示了超强的战斗力。

与其他地区相比，维京人对地中海地区的影响较小。10 世纪 60 年代，他们进行了大规模的抢劫，小规模的探险队偶尔也会出动，但他们对北欧的破坏是前所未有的。尽管如此，阿拉伯国家的大使有时还会前往斯堪的纳维亚半岛，在维京宫廷进行外交活动。阿拉伯硬币主要经由俄罗斯而不是地中海到达斯堪的纳维亚半岛。维京人对于地中海的人们来说，仍是一个遥远的传说。

第九章
维京时代的终结

THE END OF THE VIKING AGE

关于维京时代结束的时间，一般认为是 1066 年，实际上不同的地方的结束时间并不相同。维京人在 1015 年离开了文兰殖民地。在格陵兰岛，他们一直挣扎到维京时代正式结束，尽管那时他们不再是真正的维京人，而是格陵兰人。

同样，其他的维京社会继续发生变化，变得与他们最初的社会截然不同。统一王国的兴起和基督教的到来，见证了传统的维京掠夺和贸易方式的衰落，文化交融带来了"维京王国"的诞生，事实上更像是盎格鲁－维京或罗斯－维京构成的社会。这一趋势也许是不可避免的，因为变化是宇宙中唯一不变的存在。

到了维京时代末期，北海周围维京国家的命运紧密相连。冰岛、格陵兰岛和俄罗斯在地理上和历史上都相距甚远，但是斯堪的纳维亚半岛、北欧和不列颠通过联盟和王朝联系在一起，最终导致了英格兰军队的冲突和维京时代的结束。

上页图　诺曼底的威廉是维京人的继承者，但他是一个基督教的封建领主，而不是一个贵族或者小国王，他指挥的人是真正的士兵而不是兼职战士。

诺曼人

罗洛接受诺曼底土地导致了一些重要的变化。当罗洛领导下的维京人完成他们的使命时，他们已经成为诺曼人，以骑马而不是步行作战而闻名。但首先，他们必须生存下来。他们在北欧建立了其他维京飞地，但没有出现持久的王朝。

左图　到 1066 年入侵英格兰时，诺曼人的主要攻击部队是装甲骑兵，步兵和弓箭手起辅助作用。

右图 "长剑"威廉是一位成功的统治者，他知道什么时候该用剑，什么时候不该用剑。他的死亡意味着羽翼未丰的诺曼王朝的结束。

罗洛的人民被迫经历了一段时期的社会演变，从维京人使用的相当松散的制度转变为更具法兰克式的制度。维京人习惯于一种"自由给予忠诚"的制度，在这种制度下，领导者掌权是因为他的追随者希望他掌权。权威是双向的，如果追随者不满意，他们就可以变更忠诚的对象。当他们成为诺曼人时，罗洛的人民转而采用了一种更正式的制度，在这种制度下，当权者可以掌权，并对他的追随者严格规定职责。

到这一变革完成时，诺曼人将成为变革的工具，他们在 1066 年入侵中带来了维京时代的结束。与此同时，罗洛这个羽翼未丰的后维京时代领袖不得不努力应对许多挑战。他的儿子威廉（William）被称为"长剑"威廉，但这并不意味着统治期间是和平的。942 年他死于暗杀，尽管那时他已经通过战争和外交手段扩大了他父亲的王国。

威廉的私生子"无畏者"理查（Richard）统治国家到 996 年。在他父亲去世后，王国四分五裂，理查重新统一了他的王国。国王路易四世（Louis IV）囚禁了年轻的理查并夺取了他的土地，但被对方及其盟友击败，他们在 947 年将诺曼底恢复到罗洛王朝的统治之下。理查结成了良好的联盟，使他的王国强盛，建立了一个强大的政权，从而发动了 1066 年对英格兰的入侵。

诺曼底的理查二世延续了这一趋势，他与法兰西国王结盟，后来又与英格兰结盟。他的妹妹艾玛（Emma）嫁给了英格兰的埃塞尔雷德二世，而这个王朝获得了英格兰王位的继承权。理查二世死于 1026 年，他的儿子理查三世继承了王位，却在短暂时间之后突然去世，于是他的兄弟罗伯特（Robert）登上了王位。罗伯特被卷入了国际事务之中，人们认为是他入侵了英格兰。1035 年，他在前往圣地朝圣的途中去世，留下年幼的儿子威廉作为继承人。诺曼底的威廉二世是私生子，在他成功入侵英格兰之前，人们都叫他"私生子"威廉。此后，他在历史上又以"征服者"威廉而闻名。

约维克的麻烦

在诺曼底从维京征服地演变成封建王国时，约维克的维京王国经历了艰难的时期。阿尔弗雷德国王的孙子埃塞尔斯坦国王征服了约维克，并击碎了维京人夺回它

左图 阿姆莱布·夸兰有时也被称为奥拉夫·西格特里格森或奥拉夫·夸兰。他是一个典型的维京冒险家，曾四次甚至五次获得又失去王位。

的企图。他征服了英格兰最后一个维京王国，赢得了"英格兰国王"的称号。他和挪威国王哈拉尔德·费尔海尔的关系很好，他还抚养了哈拉尔德最小的儿子哈康。

听到哈拉尔德·费尔海尔的死讯，埃塞尔斯坦向哈康提供了他所需的船只和人员以对抗他的兄弟——哈拉尔德的继任者"血斧"埃里克。哈康把埃里克赶出了挪威，夺取了他的王位；而埃里克逃到了奥克尼群岛，然后又逃到了约维克。947 年，他在那里宣称为国王。导致这一结果的原因尚不清楚，但似乎诺森布里亚已经脱离了英格兰的统治，并在 939 年埃塞尔斯坦去世后在一定程度上获得了独立。

奥拉夫·古斯弗里森（Olaf Guthfrithson）恢复了维京人对约维克的统治。他的父亲曾统治约克和都柏林，死于 941 年。他的继任者是奥拉夫·西格特里格森（Olaf Sygtryggsson），也被称为阿姆莱布·夸兰（Amlaib Cuaran），他的职业生涯反映了当时不列颠群岛上维京人的命运。阿姆莱布·夸兰至少两次获得和失去约维克和都柏林的王位。947 年，维京人在约维克的地位是脆弱又不稳定的，"血斧"埃里克就是那种能够巩固维京人在英格兰北部统治的强者。然而，他的统治时间很短。947 年，埃里克不得不面对他的宿敌——遇难的埃吉尔。埃吉尔用一首赞美对方的诗挽救了自己的生命，埃里克原谅了他杀害亲人的行为，免除了他的血债，然后释放了他。鉴于埃吉尔和埃里克之间的不和，这种姿态似乎过于慷慨，但埃吉尔用他的史诗给了埃里克一份无价的礼物——不朽的名誉。

对于"血斧"埃里克来说，当他做到这一点时，他也获得了不朽的地位，因为他在 948 年被废黜了。英格兰人在他们的新国王埃德雷德（Eadred）的领导下发动了一场进攻，造成了巨大的破坏，并威胁说还会有更糟糕的事情发生。这种明显的维京方式成功了：诺森布里亚

下图　布里塞洛夫反对维京人的立场为他赢得了名声，但也导致了他的死亡。在这场战斗中，如果采取更务实的方法，他可能会取得一场伟大的胜利。

人决定废黜"血斧"。

　　埃里克的继任者是奥拉夫·西格特里格森，他从爱尔兰回国后又在约维克短暂地登上了王位。他可能得到了英格兰国王的青睐，因为他是埃德雷德的前任埃德蒙的教子。然而，"血斧"埃里克在尚不清楚的情况下重返王座。众所周知，苏格兰人此时袭击了诺森布里亚，但究竟是谁与谁作战仍只是猜测。

　　埃里克似乎取得了胜利，或者至少设法夺回了王位，但在两年后的 954 年，他第二次被罢免。他在斯坦莫尔的战斗中阵亡，很可能是在与强大的追逐者最后一搏的时候。

　　约维克后来几十年来都是英国王室的属地。在统治者一系列卓有成效的领导下，英格兰更加强大，能够在没有受到过度威胁的情况下阻止或击退敌人的袭击。入侵是不可能的，从此英格兰国内再也没有维京王国了。

"无准备者"埃塞尔雷德

　　然而，978 年，十岁的埃塞尔雷德登基。他被称为"无准备者"（the Unready），这个名字来源于"rede-less"，翻译过来就是"没有律师"或者"建议不周"。到 980 年，维京人的袭击团伙开始小规模地侵扰英国海岸，并且这种侵扰随着时间的

左图　支付丹麦金是一种屈服行为，这会帮助维京人变得更强大，而使他们的受害者变得更弱小。这确保了循环没有被打破，因为受害者在贿赂维京人方面花费太多，以至于无法为防御做适当准备。

推移范围不断扩大。

991 年，奥拉夫·特里格瓦森（Olaf Tryggvasson）率领 93 艘船袭击了英国海岸。他在马尔登（Maldon）遇到了郡长埃尔多曼·伯斯诺斯（Ealdorman Byrthnoth）手下的一支部队，在最初的对峙中，奥拉夫只是提出以离开来换取贿赂。伯斯诺斯拒绝并开始战斗，他成功地占据了维京人通往大陆一端必经的堤道。

维京人通过巧妙的战术避免攻击这一绝佳的防守位置：要求伯斯诺斯后退一点。这被说成是对他的挑战，实质上是求取公平竞争。伯斯诺斯很有风度地把他的部队往后撤，让维京人从他们登陆的岛上穿过堤道，然后一场"公平的战斗"（维京人在数量上超过了英国民兵）随之而来。

伯斯诺斯受了致命伤，他的许多士兵逃跑了，但是他的私人护卫一直战斗到最后一刻。维京人可能很欣赏这种勇气，也很可能对他的一位随从创作的纪念伯斯诺斯的英雄诗歌印象深刻，但他们更高兴的无疑是这种不合时宜的骑士精神为他们赢得了这场相对容易的胜利。

下图　马尔登战役在一首古英语英雄诗中得以长久流传，这首诗描述了战役过程，诗中还记录了英格兰逃兵及坚守阵地士兵的名字。

结果，马尔登战役的英雄事迹并没有带来什么实质性的改变。随着维京人在海外的大量出现，"无准备者"埃塞尔雷德向奥拉夫·特里格瓦森提供了一大笔贿赂，以换取他不骚扰英国航运或袭击大陆。这可能是第一次把付给维京人换取和平的款项称为丹麦金，但在维京时代，这一词适用于所有有关此类的支付。

在接下来的几年里，英格兰支付了越来越多的丹麦金，这使奥拉夫·特里格瓦森的权力和威胁程度得以提高。埃塞尔雷德试图通过攻击维京舰队来打破这个循环，但他的计划遭到了背叛，于是不得不再次向维京人砸钱以换取短暂的和平。

994年，随着奥拉夫·特里格瓦森与丹麦国王"八字胡"斯韦恩联手，英格兰的情况变得更糟。一系列野蛮但并不总是成功的抢劫迫使埃塞尔雷德交出更多的现金，结果是埃塞尔雷德永远摆脱了奥拉夫·特里格瓦森。994年，奥拉夫·特里格瓦森皈依了基督教，而埃塞尔雷德成为他的教父，之后他带着自己的大部分人马去往了挪威。

从英国勒索的丹麦金是奥拉夫·特里格瓦森争夺挪威王位的基础。他取得了成功，并于997年建立了特隆赫姆（Trondheim），将其作为一个易守难攻的王权所在地。从那时起，他开始巩固他的统治地位，并将他的王国皈依基督教。这一过程并不简单，而且常常使用酷刑或者强迫人民改变信仰，这让奥拉夫树敌众多。但他后来给莱夫·埃里克松施洗礼而受到赞誉，从而将基督教传播到了维京世界的西部边缘。

奥拉夫的统治在公元1000年结束，当时他在波罗的海斯沃德岛（Svolder）的一次海战中被击败。尽管拥有维京世界中著名的、最大最强的长蛇号战船，但奥拉夫的军队寡不敌众，他的十一艘战船全被击败了。据记载，他一直在战斗，直到他的旗舰即将被夺走，他紧跟着跳下了船。尽管有很多关于他幸存下来的传说，但奥拉夫再也没有出现在世界舞台上，他的王国也被丹麦人控制了。

日益恶化的形势

与此同时，埃塞尔雷德和英格兰的情况变得更糟了。丹麦的"八字胡"斯韦恩继续从英国榨取更多的钱财，他们买来的和平时期实在太短了。埃塞尔雷德试图通过与诺曼底联姻来提高自己的地位，但这并没有真正改善实际情况。他的问题由于英格兰内部的背叛而变得更加复杂，不管对错与否，大部分的责任都归咎于生活在英国领土上的丹麦移民。

在 1002 年 11 月的圣布里斯节（St. Brice's Day）期间，埃塞尔雷德的军队对丹麦移民发动了一场大屠杀。攻击的时间安排得很谨慎——那天是星期六，传统上是维京人洗澡和洗衣服的日子。与丹麦人结婚的英国妇女及其孩子也没能幸免。在这次袭击中丧生的人中还有丹麦国王"八字胡"斯韦恩的亲属。不可避免的后果是，抢劫行动的破坏性越来越大，暂时阻止抢劫行动的代价也是如此。

英国人的应对既混乱又无效。《盎格鲁－撒克逊编年史》（*Anglo-Saxon Chronicle*）哀叹道，在最糟糕的袭击之后，支付丹麦金的时间总是为时已晚，而且军队总是出现在错误的地方。政策制定之后，没有被贯彻执行，维京人仍旧可以随意袭击。

大约在 1010 年，人们认为奥拉夫·哈拉尔松（Olaf

右图　坎特伯雷大主教被捕清楚地表明了英国的软弱。但随后的事情实际上改变了英格兰的情况，导致一些以前的抢劫者站到防御者的一边。

> "不要自吹自擂，因为如果你做了什么值得表扬的工作，
> 别人会为你歌颂的。"

Haraldsson，后来的挪威国王奥拉夫二世）使用了强大的抓钩和划船计策来拉倒保卫伦敦的坚固桥梁。为阻止维京人前进而加固桥梁的做法已经使用了一段时间，所以这一事件有可能确实发生了。然而，除了童谣《伦敦桥正在倒塌》（*London Bridge is Falling Down*）之外，我们很难找到任何证据可以证明这件事情的真实性。

1011 年，维京人劫持了坎特伯雷大主教作为人质，这本应是一项辉煌而有利可图的绝妙之举。然而，尽管支付了巨额赎金，绑架他的人还是设法在一次醉酒斗殴中杀死了他。曾经有一段时间，谋杀知名的基督教教士只是维京人抢劫者的日常工作，但是在维京时代的晚期，这种行为就变得太过分了。这一事件导致一些维京人改变立场，开始为保卫英格兰而战。

尽管愤怒的基督教维京战士做出了贡献，但英格兰仍是摇摇欲坠。1013 年，"八字胡"斯韦恩发动了一场入侵战争。诺森布里亚人站到了他的一边，但是伦敦人击退了进攻。斯韦恩和他的儿子克努特毫不气馁，攻占了威塞克斯和麦西亚，而埃塞尔雷德逃往了诺曼底。"八字胡"斯韦恩在 1014 年初去世之前仅仅统治了英格兰五个星期的时间。这让年轻的克努特早早掌权继位，他决定暂时撤回到丹麦。第二年，克努特再次入侵英格兰，而埃塞尔雷德也回到了那里。1016 年，当埃塞尔雷德去世的消息传来时，克努特正行军准备到伦敦与他交战。

克努特大帝

1019 年，克努特的哥哥哈拉尔德去世。"八字胡"斯韦恩死后，他登上了丹麦王位，他的死使克努特成为丹麦和英格兰的国王。

克努特赢得了"大帝"的绰号，但他却因为兴奋又徒劳地命令潮水退潮而被人记住。这具有很强的讽刺意味，因为克努特确实下令让大海退潮，而且潮水也确实没有理会他，而他完全预料到会这样。很少有人记得的是，他随后向他的臣民宣布，国王的权威与统治宇宙的上帝的权威相比根本不算什么。据说，他从这一天起就再也没有戴过王冠。

不管这一事件是否真的发生了，值得注意的是，这讲述的是一个维京国王在全能上帝面前宣称自己无足轻重。克努特的异教先辈会侮辱、斥责甚至威胁他们信奉

的神灵，因为对方没有按照自己的意愿行事，后来的人们可能会觉得这种态度有点奇怪，但事实上克努特时代的维京人与他们的祖先已经大不相同。

　　克努特给英格兰带来了新的繁荣，尤其是因为他不必筹集大量资金来贿赂维京人。在教会的帮助下，他在一定程度上统一了王国。在经历过盎格鲁－撒克逊人和维京人之间的几代冲突之后，一个新的兄弟会不可能在一夜之间出现，但克努特设法在不同的民族之间建立了一些纽带。

　　关于克努特统治时期的记载很少，这可能是侧面表明了他的成功。袭击、战争和暴行载入史册，而多年的和平却鲜有记

右图　克努特大帝宣称人类在上帝面前是渺小的，这种基督徒的虔诚行为很可能使他的祖先感到愤慨。

载。克努特统治时期的英格兰似乎没有什么值得注意的变化，这可能对于那些在他统治下的人来说是一个广为接受的变化。

与此同时，奥拉夫·哈拉尔松可能是伦敦桥的破坏者，他把丹麦人赶出了挪威，并以奥拉夫二世的身份统治了挪威。

奥拉夫在位的时间和克努特统治英国的时间一样长，但是在 1028 年，克努特在许多挪威贵族的帮助下入侵了挪威，并赶走了奥拉夫。奥拉夫疏散了他的许多重要臣民，并被迫流亡基辅罗斯。两年后，他试图夺回王位，但以失败告终。

克努特于是成为挪威、丹麦和英格兰的国王。事实证明这项任务太艰巨了。大约在 1035 年，奥拉夫二世的私生子马格努斯（Magnus）赶走了克努特委派的摄政者。1035 年，克努特的去世造成了国家混乱的局面，他的儿子哈德克努特

下图　克努特大帝继承了广袤的土地，面对其他机会主义者和冒险主义者，他没能保住所有土地的结果也许是不可避免的。

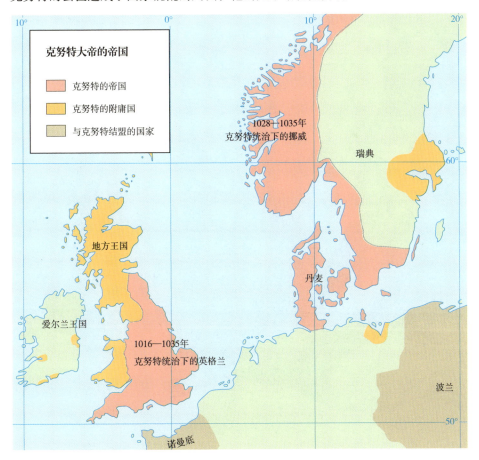

克努特大帝的帝国

■ 克努特的帝国
■ 克努特的附庸国
■ 与克努特结盟的国家

1028—1035年
克努特统治下的挪威

瑞典

地方王国

丹麦

爱尔兰王国

1016—1035年
克努特统治下的英格兰

波兰

诺曼底

（Harthacnut）继承了丹麦的王位，后来又继承了英格兰的王位。后来，哈德克努特把挪威输给了马格努斯·奥拉夫松，1042 年在他去世后，马格努斯又加冕为丹麦国王。

下图 哈罗德·戈德温森加冕成为英格兰国王可能违背了他对诺曼底的威廉的承诺。威廉声称他才是英格兰国王，并发动了一场侵略战争来为自己夺取王位。

最后的行动

哈德克努特的死标志着丹麦在英格兰统治的结束。王位

"当人们在战斗中遇到敌人时，勇敢的心胜过锋利的剑。"

传给了埃塞尔雷德的儿子爱德华（Edward），他后来被称为"忏悔者"爱德华。他的统治基本上是稳定和成功的，但是王权受到了一定程度的削弱。爱德华于 1066 年去世，没有明确指定继承人，这就为维京时代最后一幕的上演创造了条件。

英格兰王位的争夺者形形色色。诺曼底的威廉公爵凭借"无准备者"埃塞尔雷德和诺曼底的爱玛之间的婚姻获得了继承权。1066 年 1 月 6 日，英国贵族召开会

议选择哈罗德·戈德温森（Harold Godwinson）为他们的国王，并为他加冕。根据一些诺曼人的消息来源，哈罗德曾宣誓支持诺曼底的威廉继承王位，如果是这样，那么这显然违背了这一承诺。这种说法可能是诺曼底的威廉编造的。起初，他无法为自己争夺王位找到太多的支持者，但是当哈罗德·戈德温森违背了对圣物发誓承诺的消息传出后，风向就变了。随着支持者的到来，威廉开始建造他的入侵舰队。这是维京人领袖利用教堂达到自己目的的众多事件之一。

哈罗德·戈德温森也是维京人的后裔。他的父亲戈德温（Godwin）是一个雇佣兵和抢劫者，定居在英格兰。在"无准备者"埃塞尔雷德的混乱统治期间，戈德温扩大了自己的权力范围，直到他控制了大部分地区。他协助"忏悔者"爱德华登基，成为国王的拥护者，但由于戈德温偏袒他的诺曼亲属和朋友，最终与国王发生了争执。

戈德温因为这场争执而被流放，但他的权力很大，以至于他能够回来要求恢复原职。戈德温的儿子哈罗德继承了他父亲的事业，可能在 1064 年他被派往欧洲大陆，代表英格兰国王与诺曼底的威廉讨论继承问题。如果是这样，这个臭名昭著的承诺就是在此时做出的。

最后一位真正的维京国王

哈罗德·戈德温森把他的部队调到怀特岛（Wight）以应对敌人的入侵，但是到了 9 月，入侵者还没有到来，所以他撤回到了伦敦。然而与此同时，另一种威胁势力正在出现。哈拉尔德·哈德拉达是挪威奥拉夫二世同父异母的兄弟，由于维京王国之间的冲突，他被流放了很多年。在此期间，他指挥着瓦兰吉卫队，也曾当过一段时间的雇佣兵和抢劫者。他在此期间积累的资金支持他成功夺取了挪威王位。

1042 年，哈拉尔德·哈德拉达离开拜占庭，开始为他的战役做准备。哈拉尔德与马格努斯国王的对手结成联盟，在 1046 年他们抢劫了波罗的海地区，这彰显了他的野心，之后他接受了马格努斯的邀请共同统治挪威。马格努斯并不想与哈拉尔德发生冲突，第二年他去世后，哈拉尔德成为唯一的国王。他的统治非常严厉，因此他的名字叫"哈德拉达"，意思是"严厉的忠告"，或者简单理解为"严厉的统治者"。然而，在其统治期间，国家稳定繁荣。

挪威的哈拉尔德在其统治的大部分时间里都在与丹麦作战，试图夺取丹麦的王位。他最终在 1064 年放弃了争夺王位，但在 1066 年被邀请成为英格兰国王。这个邀请来自哈罗德·戈德温森的兄弟托斯提格·戈德温森（Tostig Godwinson），他同意与哈拉尔德并肩作战。有了内部支持、资金和血统要求，哈拉尔德很有机会夺取英格兰王位。1066 年 9 月，他在英格兰东北部登陆。

哈拉尔德的部队大约有 9000 人和 300 艘船。他们洗劫了英格兰东海岸，沿着亨伯河逆流而上，前往约克。英格兰军队在富尔福德（Fulford）遇到了他们，一场战斗由此展开。最初英格兰人是成功的，他们趁维京人还在部署的时候就发动了攻击。然而，重新部署的后备军和晚到的维京部队扭转了战局，英格兰人惨败。双方的伤亡都很严重，这场战斗摧毁了麦西亚和诺森布里亚的军事力量。

约克同意不战而降，条件是像往常一样不被抢劫。在这种情况下，双方同意交换人质。约克投降期间，维京人在斯坦福桥（Stamford Bridge）安营扎寨。就是在那里，

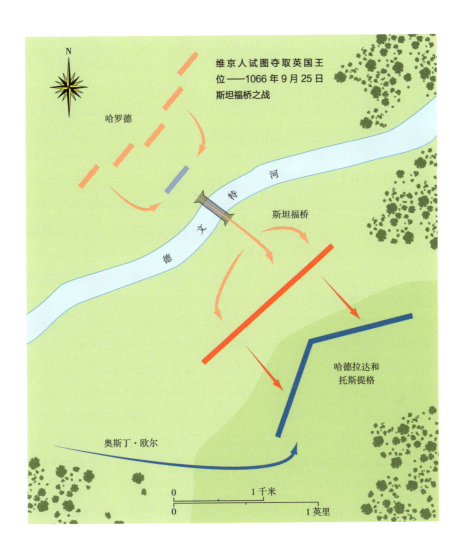

上图　哈拉尔德·哈德拉达的军队在斯坦福桥对哈罗德·戈德温森领导下艰苦行军的英格兰人的快速反应感到惊讶。哈拉尔德之死使一场本应难分胜负的战斗变成了维京人历史上一次里程碑式的失败。

哈罗德·戈德温森的部队发动了进攻。哈罗德听说他负责击退入侵的当地部队已经被击败，于是迅速从伦敦出发，并在维京人还没预料到之时便早早就到达了。当哈拉尔德的维京部队匆忙穿上盔甲并集结队伍时，英格兰军队已经迅速逼近。他们的进展受到阻碍，因为他们需要在一座狭窄的桥上渡过德文特河（Derwent）。据说这座桥是由一位身材高大、精力充沛的斧头兵在单独守卫的，他为他的战友争取了时间，这值得在传奇故事中占据一席之地。

维京人有了一点准备时间，他们打了一场漂亮仗。在战斗的大部分时间里，战况胶着，直到哈拉尔德·哈德拉达被一箭击中喉咙。他一直身先士卒，用斧头砍倒敌人，当他倒下的时候，胜利似乎就在眼前。就这样，这位可能被认为是最后一位真正维京国王的人阵亡了。

然而，战斗还没有结束。当哈罗德·戈德温森的人逐渐耗尽维京军队的力量之时，增援部队从船上赶来。但为时已晚，结局没有任何改变，当一切都结束时，剩下的维京人只够装满 300 多艘船中的 24 艘。

诺曼底的威廉起航

斯坦福桥战役两天后，诺曼底的威廉启航前往英格兰。他带领大约一万人登陆，毫无阻碍地上了岸。不过他还是被发现了行踪，信息可能是通过信号火发出的，不久哈罗德·戈德温森就知道了入侵的消息。在打败哈拉尔德·哈德拉达之后，几个月都没有看到诺曼人入侵的迹象，哈罗德可能觉得自己的国王地位已经很稳固。如果是这样的话，在他胜利的时刻所面临的新挑战对他来说一定是一个严重的打击。尽管如此，他还是果断地做出了反应。

哈罗德的军队从伦敦向北行进到约克后，现在又掉头返回。他在伦敦短暂停留了一下，召集了他所能召集的所有军队，然后迅速向前推进。也许他应该让军队休息一下或者招募更多的士兵，但是他这么仓促是有合理的战略原因的。威廉军队的位置是明显的，哈罗德不想追逐他的敌人，也不想寻找他们。

此外，在黑斯廷斯附近诺曼底登陆点周围的土地是一个天然的阻碍，为英格兰人提供了遏制入侵者的机会。如果威廉的军队被困住，他们可能会耗尽补给，被迫撤退，或者在横跨英吉利海峡的补给线尽头度过一个冬天，而且要不时被恼人的暴风雨侵扰。

1066 年 10 月 14 日，哈罗德·戈德温森将军队在森拉克山脊（Senlac Ridge）集结。他的军队明显受到维京人的影响，其中包括装甲斧兵，他们的作战风格与最近被打

败的维京人没有什么不同，后面有一道由矛兵组成的盾牌墙做后盾。而诺曼人已经脱离了传统的维京战争体系，拥有三种特殊类型的军队：弓箭手集体安排在敌人的防线上射击，精锐的重装骑兵装备长矛和长剑，可以穿过敌人的防线杀出一条血路来，与此同时步兵将在传统的肉搏战中与敌军交战。

上图　如果不是因为一个斧头兵的英勇抵抗，维京人的军队可能会更早被击溃。根据一些传说，斧头兵是被一个漂浮在桥下、躲在桶里的人的长矛杀死的。

黑斯廷斯战役

哈拉尔德·哈德拉达和他的军队代表了真正的维京人，但是英格兰和诺曼人的军队也是维京人的后裔。由于维京人已经退出了竞争，黑斯廷斯战役现在将决定哪些继承人能被写进历史。英格兰军队在森拉克山脊上占据了防御阵地的优势，有能力进行一场防御战。哈罗德·戈德温森能够避免失败，现状对他来说是有利的。这也正该如此，因为他的军队在对抗诺曼人的机动骑兵和远程弓箭手时处于劣势。另一方面，诺曼人需要一场胜利，因此他们不得不进攻。

　　尽管有步兵进攻、骑兵冲锋和铺天箭雨，英军在一天的大部分时间里坚守着防线。诺曼人的骑兵一度在明显的混乱中撤退，盾墙终于突破队形，英军开始追击。军队以这种方式进攻是可以理解的：整天被弓箭手折磨，被骑兵随意攻击，

下图　哈罗德·戈德温森可能是被诺曼人的箭或剑杀死的。不管怎样，就像在斯坦福桥一样，一位军队首领的死对他的军队来说是一场灭顶之灾。

哈罗德的英国战士想要复仇。然而，这并非明智之举。一旦阵型被打破，诺曼人的骑兵就能粉碎英军部队。

据说诺曼人的骑兵是故意撤退的，以引开英军。然而，假装撤退可能是战场上最难执行的演习，几乎所有历史先例后来都被证明是真正的撤退，只是无意中促成了有利情况的发生。

哈罗德和他的手下继续战斗，直到国王最终被杀死。"贝叶挂毯"（Bayeux Tapestry）是一本由诺曼胜利者描绘的"历史书"，因此对英格兰军队也有偏见，挂毯中哈罗德被箭射中眼睛，然后被一个诺曼战士砍倒。实际发生的都已经变成了纸上空论。随着哈罗德的死亡和伤亡人数的增加，英格兰军队最终崩溃了。

1066 年在黑斯廷斯的胜利使得诺曼底的威廉——"征服者"威廉，登上了英格兰的王位。这是英格兰最后一次被成功入侵，而且还是一个后维京时代的国家完成了这一任务。最接近"真正维京人"的人在斯坦福桥被以类似方式作战的英格兰人打败了。最终的胜利者属于后维京人的"继承国"这一事实可以有很多解读，但威廉的胜利确实是由维京人在北方的入侵促成的。

如果没有哈拉尔德·哈德拉达的无意帮助，诺曼底的威廉会夺得英格兰王位吗？很多猜测都是有可能的，但事实是诺曼人确实赢了，他们巩固了对国家的控制，建立了一个新的国家。最后一个维京人已经倒下了，他们的时代已经结束，只是在这里或那里有一些续话。